Diether Thie, Bettina Reinhardt

Berufsalltag Schulleitung

Diether Thie, Bettina Reinhardt

Berufsalltag Schulleitung

Aus Theorie wird Praxis

debus PÄDAGOGIK

Bibliografische Information der Deutschen Nationalbibliothek

Die Deutsche Nationalbibliothek verzeichnet diese Publikation in der Deutschen Nationalbibliografie; detaillierte bibliografische Daten sind im Internet unter http://dnb.d-nb.de abrufbar.

www.debus-paedagogik.de
www.wochenschau-verlag.de

Programmleitung: Peter E. Kalb
Umschlagentwurf: Ohl Design
Gesamtherstellung: Wochenschau Verlag
Titelbild: ©unikat – stock.adobe.com
Gedruckt auf chlorfrei gebleichtem Papier
ISBN 978-3-95414-100-5 (Buch)
E-Book ISBN 978-3-95414-101-2 (PDF)

Inhalt

Vorbemerkung 11

Teil I – Theorie

Beruf: Schulleiterin – Schulleiter 15
Selbstmanagement: „Wer bin ich – – und wenn ja, wie viele?“ 18
Schulleiterin bzw. Schulleiter – Manager oder was? 23
Führung 24
Management 26
Steuerung 27

Dreifaltigkeit der Schulentwicklung und der Leitung – Prominenz der Begriffe 27
Personalentwicklung 28
Organisationsentwicklung 28
Unterrichtsentwicklung 29
Erziehung als vierte Dimension 29
Erziehungsentwicklung 32
Führungskonzepte 33
Konfluente Leitung 34
Salutogene Leitung 35
Leitung aus dem Hintergrund 38
Führungsstile 39
Transformationale Führung 40
Unterrichtsbezogene Führung 41
Leitbild und Schulprogramm als Arbeitsprogramm 42

Schulleiterinnen und Schulleiter als Akupunkteure der Schulentwicklung 46

Schulleiterinnen und Schulleiter als „Makler“ oder: Kann man zwei Pferde gleichzeitig reiten? 49

Teil II – Praxis

Schulrecht – lästig, aber immer wichtig 55
Schulleiterinnen und Schulleiter als Dienstvorgesetzte 57
Konferenzen 58
Die Gesamtkonferenz – das zentrale Mitbestimmungsorgan 58
Personalräte als Mitstreiter – warum eigentlich nicht? 59
Pädagogische Freiheit 60
Eltern drohen mit dem Rechtsanwalt – na und? 61
Pädagogische Maßnahmen und Ordnungsmaßnahmen 62
Absentismus – Fehlzeiten 64
Leistungen der Schülerinnen und Schüler 65
Dienstliche Beurteilungen 67

Konflikte und Widerstände 70
Merkmale eines Konflikts 71
Anlässe für Konflikte (nach Laurie Mullins), übertragen auf Schule 72
Ist das mein Konflikt? 77
Der Konflikt ist da – was jetzt? 80
Eskalation oder Lösung 81
Und womit ist sonst noch so zu rechnen? 83

Teamentwicklung 87
Von „tu du“ zu „to do“ – Schulleitungsteam als Vorreiter 91

Projektablaufpläne 92

Unterrichtsentwicklung 96
Klare Ansage 99
Oje – Unterrichtsbesuche 100
Fachkonferenzen – „die schlafenden Elefanten“ 102
Nachhaltigkeit schaffen – „Innenarchitektur“ für Unterrichtsentwicklung 104

Evaluation – nein, danke!? 105

Konferenzen, Besprechungen – Frust statt Lust? 111
Planung, Vorbereitung und Durchführung einer Konferenz 112
Die Blitzlicht-Methode 114
Die Evaluationszielscheibe 115
Nach der Konferenz 116
Gesamtkonferenzen 117
Fachkonferenzen 117
Zeugniskonferenzen 119
Konferenzen an Grundschulen 120
Elternarbeit 123
Elternabende 124
Elternsprechtage 125
Schulkonferenz 126
Schülervertretung 127

Budgetierung – Wie kommt eine Schule an Geld? 128
Sponsoring und Fundraising 131
Geld beschaffen leichter gemacht – Fördervereine 131

Öffentlichkeitsarbeit 132
Merkmale guter Öffentlichkeitsarbeit 134
Planung von Öffentlichkeitsarbeit 135
Publikationsmittel 136
Veranstaltungen 137

Jahresgespräche ... 138

Zusammenarbeit mit vorgesetzten Behörden – Schulträger, Schulamt ... 142
Zur Kommunikation mit den Vorgesetzten ... 146

Wie heißt es so schön? – Office- und Facility Management ... 149

Umgang mit Zeit ... 152
Strukturierung der Arbeit ... 154
Zeitfressern ausweichen ... 154
Persönliche Zeitplanung ... 155
Stolperstein Multitasking ... 156
Systemische Zeitplanung ... 156

Schulleiterinnen und Schulleiter als Netzwerker ... 157
Netzwerkpartner kennen ... 157
Stellvertretende Schulleitung ... 158
Schulleitungsteam ... 158
Personalrat ... 159
Sekretariat ... 160
Schülervertretung (SV) ... 160
Elternvertretung ... 160
Fachfrauen und Fachmänner im Kollegium ... 161
Schulträger ... 161
Schulaufsicht ... 161
Gesamtpersonalrat ... 164
Jugendamt/Jugendhilfeeinrichtungen/sozialpädagogische Einrichtungen und Träger ... 164
Polizei ... 164
Netzwerke knüpfen ... 165
Netzwerke, die sich speziell für Schulleiterinnen und Schulleiter anbieten ... 166

Was denn nun: Anerkennung – Wertschätzung – Lob? 167
Führung von Anerkennungsgesprächen 170

Teil III – zwei Exkurse

Grundschulen – Solo für Frauen? 171
Langfristiger Ausfall der Schulleitung 174
Gefahr in Verzug – wer trägt die Verantwortung? 175
Welche Rahmenbedingungen sind notwendig? 176
Kommissarische Leitung – Rollenwechsel auf Zeit 177
Was muss die Schulaufsicht leisten? 177

Wo sollen sie herkommen? – Ein Beispiel für eine Qualifizierungsmaßname für Führungskräftenachwuchs 178
LEU – Leiten – Entwickeln – Umsetzen 181
Ziele 181
Konzept 182
LEU-Team 187
Ergebnisse und Ausblick 187

Literatur 189
Internetquellen 190
Bildquellen 190

Vorbemerkung

Noch ein Buch zum Thema Schulleitung – wozu das? Diese Frage stellt sich zu Recht. Wer sich in den Regalen der einschlägigen Buchhandlungen umschaut, trifft auf Titel wie „Die Führung einer Schule“ (Dubs), „Professionswissen Schulleitung“ (Buchen/Rolff, Hg.), „Das Handwerkszeug für die Schulleitung“ (Buhren/Rolff/Neumann, Hg.), „Führungsaufgaben der Schulleitung“ (Buhren, Neumann), „Grundwissen Schulleitung“ (Pfundtner) und eine Fülle anderer Titel mehr. Schaut man in die Inhaltsverzeichnisse, weiß man um die Anhäufung der Aufgaben und die damit verbundenen Herausforderungen von Schulleitung.

Mit unserem Buch unternehmen wir den Versuch, den fundierten Blick aus der Theorie auf den Alltag der Leitungsarbeit zu lenken. Im ersten Teil komprimieren wir aus unserer Sicht wesentliche theoretische Aspekte zum Beruf Schulleiterin bzw. Schulleiter.

Im zweiten Teil lenken wir den Blick auf Handlungsfelder, von denen wir aus unserer Erfahrung heraus sagen, dass sie in der Regel die Aufgaben und Herausforderungen des Alltags ausmachen, mit denen eine Schulleiterin bzw. ein Schulleiter regelmäßig befasst ist.

Diese Auswahl erfolgt, um …

- systemische Zusammenhänge analytisch in den Blick zu nehmen,
- in hoch belastenden Situationen mithilfe eines entsprechenden „Handwerkszeugs“ zu bestehen,
- „Leitplanken“ zur Organisation des Alltagsgeschäfts aufzuzeigen.

Im dritten Teil weisen wir in einem ersten Exkurs auf die besondere Situation an vielen Grundschulen hin, an denen es nur die Funktionsstelle der Schulleiterin bzw. des Schulleiters gibt. Der Exkurs stellt außerdem ein Verbundsystem dreier Grundschulen vor, in dem sich die Schulleiterinnen ihre Aufgaben teilen. Ferner macht dieser Vorschläge zum Erhalt der Systemfunktion bei längerem Ausfall der Schulleiterin bzw. des Schulleiters. In einem zweiten Exkurs berichten wir zudem über eine erfolgreiche Qualifizierungsmaßnahme für Führungskräftenachwuchs.

Unser Buch richtet sich einerseits an Berufsanfänger und Lehrkräfte, die sich darauf vorbereiten wollen, eine Leitungsaufgabe zu übernehmen. Andererseits bietet es für Schulleiterinnen und Schulleiter, die den Beruf schon länger ausüben, eine Möglichkeit, über Routinen zu reflektieren und – wo und wenn nötig – den „Reset-Knopf" zu drücken, um eingefahrene Abläufe und Konzepte neu zu denken.

Um es vorwegzunehmen: Wer die Mühen nicht scheut, sich mit den komplexen Fragestellungen und vielfältigen Arbeitsfeldern von Schulleitung auseinanderzusetzen, wird eine Aufgabe finden, die sich allemal lohnt und befriedigt.

Visionen sind für den Beruf Schulleiterin bzw. Schulleiter im Übrigen nicht hinderlich. Jede Schulleiterin und jeder Schulleiter hat ihre/seine Vorstellung, wie „ihre/seine" Schule aussehen könnte und wohin der Weg die nächsten Jahre führen sollte. In seiner „Kritik der reinen Vernunft" vergleicht der Philosoph Immanuel Kant sich mit einem Landvermesser. Er macht sich auf die Suche nach einem Ort, den er vielleicht nie, auch wenn er sich noch so viel Zeit nimmt, finden wird. Schulleiterinnen und Schulleiter haben gegenüber Kant einen Vorteil: Sie sind, wenn sie ihre Arbeit transparent und partizipativ anlegen, nicht allein. Sie haben eine Reihe von Mitarbeiterinnen und Mitarbeitern (im günstigsten Fall Mitstreiterinnen und Mitstreiter), die sich gemeinsam den vielfältigen Aufgaben und Herausforderungen einer Schule auf der Basis von verbindlichen Vereinbarungen und Zielen stellen.

Viele Schulleiterinnen und Schulleiter streben nach Anerkennung. Harmoniebedürftigen Gemütern ist es wichtig, gemocht zu werden. In erster Linie muss eine Schulleiterin bzw. ein Schulleiter jedoch ernst genommen werden. Und dies wird durch ein Leitungsbild erreicht, das durch professionelles Handeln geprägt ist. Wie facettenreich dieses Leitungsbild ist, zeigt dieses Buch.

In der Gesamtschau soll verdeutlicht werden, welche Möglichkeiten Schulleiterinnen und Schulleiter haben, Schule demokratisch (dem Bildungs- und Erziehungsauftrag entsprechend) und zunehmend eigenständig zu gestalten. Es wird allerdings auch deutlich, dass mit den veränderten Aufgaben die Verwaltung einen großen Raum einnimmt; darauf beziehen sich bereits seit Jahren ihre allseits bekannten Klagen. Wie müssen folglich Rahmenbedingungen und Gestaltungsspielräume aussehen, die eine Ausbalancierung der verschiedenen Anforderungen im Alltagsgeschäft einer Schulleitung erlauben?

Wir greifen zurück auf die Einschätzungen und Erkenntnisse zahlreicher Schulleiterinnen und Schulleiter, auf langjährige eigene Erfahrungen in Schulleitung, Schulinspektion, in der verantwortlichen Qualifizierung von Führungsnachwuchskräften und der Dezernentenarbeit an einem Staatlichen Schulamt in Hessen.

Wir danken verschiedenen Personen, ohne die dieses Buch nicht zustande gekommen wäre. Peter Kalb vom Debus-Verlag hat den Anstoß für dieses Buch gegeben und uns ermutigt, die eigenen Erfahrungen aus Theorie und Praxis zusammenzuführen. Für die kritische Auseinandersetzung mit einzelnen Themen sowie Hinweise und Korrekturen zu deren inhaltlicher Präzisierung haben wir zu danken: Bianca Bechert, Frida Bordon, Nadine Ebentheuer, Sabrina Kumpf, Sylvia Meier, Stefanie Werle-Wittmann, Gertrud Werth, Bernd Brieskorn, Wolfgang Geisler, Ulf Schönberger, Ingo Stechmann und Michael Weiffen.

Diether Thie und Bettina Reinhardt,
Mörlenbach und Bensheim 2017

Zur Erläuterung wiederkehrender Hinweise:

> Am Ende einzelner Kapitel werden Literaturhinweise gegeben. Dabei handelt es sich um Titel, die wir im Zusammenhang mit dem Kapitel als vertiefende Literatur empfehlen.

> ▼
>
> Gerahmt und mit einem Dreieck markiert finden sich Anekdoten und Kuriositäten aus dem Alltag sowie explizite Hinweise auf Stolpersteine und Fallstricke.

Teil I – Theorie

Beruf: Schulleiterin – Schulleiter

Schulleitung ist kein Ausbildungsberuf. Im eigentlichen Sinne erlernen kann man ihn nicht, obwohl es dazu eine Fülle von theoretischer Literatur und praktischen Handreichungen gibt. Dennoch ist Schulleitung ein eigenständiger Beruf. Im Spannungsfeld nicht ausgebildet zu sein und dennoch diesen Beruf ausüben zu wollen, bewegen sich immer wieder Lehrkräfte, die bereit sind, in einem besonderen Maße Verantwortung zu übernehmen. Die folgenden Aussagen von Schulleiterinnen und Schulleitern machen diesen Befund mehr als deutlich.

- „Ich dachte ich muss innovativ, kreativ und motiviert sein. Jetzt weiß ich, ich brauche Chaoskompetenz."
- „Ich rechne lieber nicht nach, wie viel Zeit ich für Verwaltungsarbeit benötige."
- „Es ist ein Unding, dass ich mir als Chef meine Leute nicht aussuchen kann."
- „Jahresgespräche bei weit über 100 Kolleginnen und Kollegen? Kannst du vergessen!"
- „Der Frust der Kolleginnen und Kollegen ist groß, wenn sie gemeinsam verabredete Schulentwicklungsprozesse unter- oder gar abbrechen müssen, weil einem bildungspolitischen Thema plötzlich höchste Priorität eingeräumt werden muss."
- „Es macht Spaß, in einem Leitungsteam zu arbeiten. Die Aufgaben sind verteilt und man kann sich aufeinander verlassen."
- „Ich habe das Gefühl, bei der Fülle der Aufgaben nicht mehr allen Kolleginnen und Kollegen gerecht werden zu können."
- „Langweilig ist mir eigentlich nie. Bürokratie, Schüler, Eltern und Lehrer halten mich auf Trab."

Diese Aussagen aus der Praxis machen deutlich, in welchen komplexen Zusammenhängen Schulleitungsaufgaben angesiedelt sind und welche Herausforderungen im Einzelnen damit verbunden sind. Auf der einen Seite lobt ein

Schulleiter, der seit mehr als 15 Jahren im Amt ist, die gute Zusammenarbeit in einer großen Schulleitung und strahlt eine große Zufriedenheit mit seiner Arbeit aus. Auf der anderen Seite zieht eine erst seit zwei Jahren im Amt befindliche Schulleiterin einer kleinen Grundschule ohne Stellvertretung für sich den Schluss, jeden Tag mit einer Fülle von Aufgaben konfrontiert zu sein und daher vor allem „Chaoskompetenz" besitzen zu müssen.

„Weltquell des gelebten Wahnsinns" – so lautet der Titel einer Sammlung von Skurrilem aus der Welt der Wissenschaft, herausgegeben von dem ehemaligen *Spiegel*-Redakteur Henry Glass. Vielleicht gibt es Schulleiterinnen und Schulleiter, die titeln würden: „Schulleitung – Alltagsquell des gelebten Wahnsinns". Frei von Sarkasmus zitiert Hans-Günter Rolff den Bildungsforscher Wolfgang Böttcher mit der Anmerkung, „Schule leiten ist ein unmöglicher Beruf" (Rolff 2017, 5).

Keine Frage – bei der Komplexität der Aufgaben, die an eine Schule gestellt werden, bedarf es besonders qualifizierten Personals. Bei Lehrkräften wird das im Allgemeinen vorausgesetzt und teilt sich vor allem den Eltern unmittelbar über den Unterricht und die damit verbundenen (Lern-)Ergebnisse ihrer Kinder mit. Hinzu kommen weiche Faktoren wie Klassenklima, der Umgang der Lehrkraft mit den Schülerinnen und Schülern, Gestaltung des Lernumfeldes und vieles mehr. Lehrkräfte wirken also nach innen und nach außen und sie wirken vor allem auch innerhalb eines Kollegiums. Sie entscheiden über Kooperationsformen, verständigen sich über Inhalte des Unterrichts und haben im Rahmen von Konferenzen weitgehende Mitsprache- und Entscheidungsrechte. Gelernt haben sie dies im Studium und im Referendariat. Dann geht es allerdings erst richtig los. Sie müssen Aufgaben erledigen, auf die sie schlecht vorbereitet sind. Dazu gehören unter anderem …

- die Durchführung von Elternabenden und -gesprächen,
- die Planung einer (in der Grundschule in Hessen) 28,5 Stunden umfassenden Unterrichtswoche,
- die Erledigung von Verwaltungsarbeit,
- die Übernahme von zusätzlichen Aufgaben oder
- die Organisation von Klassenfahrten und Schulfesten.

Erst mit der Zeit entwickeln sich Rituale und routinemäßige Abläufe, die zwangsläufig zu einer Entlastung im Alltag führen.

Wie sieht es nun mit den Schulleiterinnen und Schulleitern aus? Kaum eine/einer der heute 60-Jährigen hat eine gezielte Vorbereitung auf ihre Aufgaben erhalten. Die Aspiration von Lehrkräften, Schulleitungsaufgaben zu übernehmen, war vor 30, 40 Jahren nicht besonders ausgeprägt. Meistens ging der Weg über eine stellvertretende Schulleitungsaufgabe. In den Grundschulen war es häufig ein direkter Weg von der Lehrkraft zur Schulleiterin bzw. zum Schulleiter – dies war und ist auch heute noch vor allem in ländlichen Regionen oftmals der Fall. Das ist doch mal ein Beispiel für Akzeleration!

Erst seit etwa 20 Jahren gibt es in allen Bundesländern mehr oder weniger gelungene Qualifizierungsmaßnahmen zur Vorbereitung auf Schulleitungsaufgaben. (Mehr dazu im Kapitel „Wo sollen sie herkommen? – Ein Beispiel für eine Qualifizierungsmaßnahme für Führungskräftenachwuchs“.)

In einem ersten Schritt geht es nun darum, aus unserer Sicht wichtige theoretische Aspekte zu erläutern. Theoretisches Rüstzeug hilft hinlänglich, systemisch zu denken, eigenes Handeln zu überprüfen, Sicherheit im Schulleitungshandeln zu erreichen und immer wieder im Sinne des Selbstmanagements die eigene Rolle zu reflektieren. Um sich diese systemische Sicht auf die Schule dauerhaft zu bewahren und um den Blick auf das eigene Handeln immer wieder reflexiv zu schärfen, gehen wir auf die folgenden sechs zentralen Felder ein, die wir im Sinne gedanklicher Grundlagen als Folien für den Alltag identifiziert haben:

- Selbstmanagement
- Führung – Management – Steuerung
- Personalentwicklung – Unterrichtsentwicklung – Organisationsentwicklung
- konfluente Leitung – salutogene Leitung – Leitung aus dem Hintergrund
- transformationale Führung – unterrichtsbezogene Führung
- Schulprogramm – Leitbild – Arbeitsprogramm

Selbstmanagement: „Wer bin ich – – und wenn ja, wie viele?“

„Wer bin ich – – und wenn ja, wie viele?“ Das Buch von Richard David Precht lädt den Leser auf eine philosophische Reise ein. Reise klingt nach Sonne, Abenteuer, Strand und Ähnlichem mehr. Vor allem Schulleiterinnen und Schulleiter, die neu im Amt sind, werden sich nicht lustig auf die Reise machen, und die Sonne scheint auch nicht an jeder Ecke. Sie werden sich in ihrem neuen Umfeld zunächst orientieren und zurechtfinden müssen. Und selbst wenn die neue Funktion an der Schule, an der man bisher als „normale“ Lehrkraft tätig war, angetreten wird, wird man sehr schnell feststellen, dass man nicht mehr Lehrkraft ist. Allerdings hält die tägliche Arbeit durchaus Abenteuerliches bereit. Spätestens wenn morgens ein Elternteil in das Sekretariat stürmt, nach der Schulleiterin bzw. dem Schulleiter fragt, um dieser/diesem klar zu machen, wie unfähig ihr/sein Kollegium ist und dass das eigene Kind völlig unterschätzt wird und nicht die notwendige Unterstützung oder Förderung erhält, fühlt man, was alles im Gehalt inkludiert ist.

An dieser Stelle soll es nicht darum gehen, vielfältige Situationen darzustellen und etwaige Lösungsmöglichkeiten durchzuspielen. Es gilt vor allem, deutlich zu machen, wie wichtig es ist, ein eigenes Rollenverständnis zu entwickeln, und dies in unterschiedlichen Funktionen: Konfliktmanagerin bzw. -manager, Beraterin bzw. Berater, Moderatorin bzw. Moderator, Leiterin/Leiter einer Konferenz, Vorgesetzte bzw. Vorgesetzter. Und das ist nicht unbedingt leicht. Es geht um Fragen wie:

- Wie nehme ich meine Rolle wahr?
- Was mache ich mit dieser Rolle und was macht diese mit mir?

Eine ständige kritische Selbstbetrachtung ist notwendig, damit nicht Gedankenlosigkeit irgendwann reflektiertes Handeln ersetzt. Oft besteht die Gefahr, dass sich scheinbar wiederholende Situationen nicht mehr differenziert betrachtet werden. Sie werden leichtsinnigerweise nach dem Motto behandelt „Kenn ich schon, brauche ich nicht mehr viel machen, das bekomme ich schon hin.“ Damit ist es nicht mehr weit bis zur Selbstgefälligkeit und diese wirkt auf Dauer wie ein Narkotikum auf die schulische Entwicklung und das Umfeld. Erfahrung kann auch bedeuten, ein und denselben Fehler mit immer größerer Überzeugung zu machen. Und wenn aus bloßem Aktionismus und „Panik“ Entschlossenheit inszeniert wird, ist es mit der Glaubwürdigkeit der Schulleitung nicht weit her. Allerdings gibt es auch Schulleiterinnen und Schulleiter, die gegenüber ihren Mitarbeiterinnen und Mitarbeitern großes Misstrauen pflegen, bei allen neuen Aufgaben Schwierigkeiten, Konflikte und Widerstände wittern und vor allem eines im Blick haben: Bloß keine Fehler machen. An dieser Stelle kann gut mit Kafka geantwortet werden: „Verbringe nicht die Zeit mit der Suche nach einem Hindernis, vielleicht ist gar keins da.“

Um nicht in diese Fallen zu tappen, werden im letzten Abschnitt dieses Kapitels Kompetenzen beschrieben, die Schulleiterinnen und Schulleiter benötigen, um nicht in die Eindimensionalität des Leitungshandelns zu verfallen.

Neben der Rollenfindung kommt es ebenso stark darauf an, wie ich mich selbst „manage“. Der Widerstand gegen die Begrifflichkeit „Management“ im Zusammenhang mit Schule ist bekannt. Es bietet sich allerdings kein anderer Begriff an, der die umfänglichen Tätigkeiten im Zusammenhang mit Schulleitung besser bündelt. „Ideologisches“ Zieren hilft da auch nicht weiter, vor allem, wenn man daran denkt, wie selbstverständlich in der einschlägigen Literatur im Kontext von Unterricht von „Classroom-Management“ gesprochen wird.

Selbstmanagement von Führungskräften ist ein gängiger Begriff, der für die Arbeit von Schulleiterinnen und Schulleitern eine hohe Relevanz hat. In den unterschiedlichsten Kapiteln dieses Buches werden Instrumente für ein strukturelles Handeln und Vorgehen genannt. Diese sind nicht unbedingt eins zu eins zu übernehmen, unterstützen aber gangbare Wege für die eigene „Performance“. Erst über die Verbesserung und Professionalisierung eigenen Handelns ergibt sich ein Gefühl für die eigenen Fähigkeiten. Gute Schulleiterinnen und Schulleiter lernen durch das, was sie tagtäglich tun – vor allem dann, wenn sie die Ergebnisse und Effekte selbst beobachten. So ergeben sich im Laufe der Zeit hilfreiche Routinen. Deswegen trägt neben einem soliden Handwerkszeug für die Aufgaben als Schulleiterin bzw. Schulleiter auch die Fähigkeit zur kritischen Selbstbetrachtung und Introspektion dazu bei, …

- eigene Normen und Werte im Kontext der Aufgaben zu reflektieren;
- die Gründe des eigenen Handelns zu hinterfragen;

- sich der eigenen Kenntnisse, des Wissens in Sachfragen zu vergewissern;
- das eigene Handeln stetig zu verbessern und situationsangemessen zu reagieren;
- die eigene Wirkung auf andere zu überdenken;
- professionelle Distanz und Übersicht in kritischen Situationen bzw. Konflikten zu wahren;
- genuin interessiert an der eigenen und schulischen Qualitätsentwicklung zu bleiben;
- innerschulische Prozesse besser analysieren zu können;
- sich selbst besser zu organisieren;
- gegenüber Kolleginnen und Kollegen souverän und weitestgehend fair zu agieren;
- Kritik zuzulassen und sich mit ihr gründlich auseinanderzusetzen;
- sich der eigenen Position zu versichern, wenn es um die Umsetzung bildungspolitischer Vorgaben geht.

Zum letzten Punkt eine nicht unwichtige Anmerkung: Bildungspolitik strebt nach Erfolgen und erwartet entsprechende Ergebnisse, die die Richtigkeit ihrer Entscheidungen belegen. Das haben Schulleitungen zu beachten, da sie, hierarchisch gedacht, Teil einer Wertschöpfungskette sind. In diesem Prozess nehmen sie eine Schlüsselposition ein. Die Frage ist nur, wo und wie sie sich positionieren. Fast alle Änderungen ergeben sich durch Normierungen (Verordnungen, Erlasse, Verfügungen), nicht alle Vorgaben lassen sich unmittelbar umsetzen, sondern erfordern eine Passung an die schulischen Gegebenheiten und das entsprechende Umfeld sowie die damit verbundene Notwendigkeit der strukturellen Kooperation mit außerschulischen Partnern. Drei Stichworte dazu, auf die im Abschnitt „Der Schulleiter als ‚Makler' – oder: Kann man zwei Pferde gleichzeitig reiten?" noch speziell eingegangen wird: Integration, Inklusion und kompetenzorientiertes Unterrichten. Diese Herausforderungen stehen exemplarisch für ein ständiges Einwirken auf Unterricht durch bildungspolitische Setzungen und die damit verbundenen notwendigen Veränderungen. Folgt man den Auffassungen von Schulleiterinnen und Schulleitern, sind die oben genannten Themen neben G8/G9 die derzeit zentralen Herausforderungen für Schulleitungen. „Kleiner" Nebeneffekt: Lehrkräfte sind verunsichert und leisten Widerstand, was die Arbeit der Schulleiterinnen und Schulleiter nicht gerade erleichtert.

Im Bewusstsein eines notwendigen Selbstmanagements und der damit verbundenen Arbeit an der eigenen Performance bilden sich die „Fettreserven" für schwierige Situationen, in denen bedachtes und überlegtes Handeln seitens der Leitung gefragt ist. Kontinuierliche Professionalisierung, verbunden mit notwendiger Fortbildung, verleitet eben nicht zur Umfahrung von „Baustellen" in der Schule, sondern stellt eine zu meisternde Herausforderung dar. Wer ein solches Selbstverständnis seiner Leitungsrolle entwickelt, wird Akzeptanz und Anerkennung seiner Arbeit erfahren. Doch dies braucht Zeit. Schulleiterinnen und Schulleiter werden sich zunehmend verschleißen und auf Dauer ihre Veränderungsbereitschaft, Kräfte und Dynamik für die Bewältigung des Schulalltags einbüßen, wenn sie unstrukturiert agieren und zu schnell, ohne Rücksicht auf die Lehrkräfte, vorangehen. Deswegen ist vor allem für Berufsanfänger Folgendes zu beachten:

- Zu schnelles Starten in der neuen Rolle und zeigen, wer man ist, kann gleichbedeutend sein mit einer Fahrt in die Irre.
- Umwege gehen, gerade am Anfang, erhöht die „Ortskenntnis".
- Sich nicht scheuen, eine Schule zu „obduzieren".
  - Gibt es Arbeits- oder Projektgruppen, von denen keiner so recht weiß, was sie eigentlich machen?
  - Gibt es Programme bzw. Konzepte, die kaum jemand kennt und die folglich im Unterricht kaum relevant sein dürften?
  - Gibt es Vereinbarungen und Beschlüsse, an die sich niemand so recht gebunden fühlt (die Lektüre befördert dazu Erstaunliches zutage)?
- Auf Abläufe, Organisations-, Kommunikations- und Informationsstrukturen schauen.
- Sich über die Arbeit der Gremien einen Überblick verschaffen (z. B. Fachkonferenzen als oftmals „schlafende Elefanten").
- Mit den Vertretern der Gremien sprechen und rasch das Gespräch mit dem Kollegium suchen.

Abschließend zwei Hinweise. Es dauert manchmal Jahre, um sich einen guten Ruf zu erarbeiten und schlimmstenfalls fünf Minuten, um ihn zu ruinieren.

Dieses Bewusstsein sollte dazu verführen, manches doch anders als routinemäßig geplant zu machen. Deswegen ist zweitens zu einem regelmäßigen Coaching zu raten. Coaching für Schulleiterinnen und Schulleiter unterstützt in vielfältigen Bereichen:

- Grundsätzlich dient es zur stetigen Professionalisierung.
- Es nimmt auf keinen Fall Entscheidungen ab, sondern unterstützt bei der Findung eigener Lösungen nach dem Prinzip Hilfe zur Selbsthilfe.
- Es reflektiert in schwierigen Situationen eigenes Handeln und entwickelt bei Bedarf Handlungsoptionen.
- Es unterstützt in akuten schwierigen Konflikten.
- Es unterstützt bei der Strukturierung komplexer Schulentwicklungsprozesse.
- Es bietet einen geschützten Raum für die kritische Betrachtung der beruflichen Anforderungen im Kontext mit privaten Herausforderungen.

Für das Selbstcoaching können folgende Schritte hilfreich sein:

- klare Beschreibung des Problems
- Problemanalyse (Wer oder was ist die Ursache? Wer ist beteiligt oder betroffen?)
- Verortung möglicher Auswirkungen auf das System
- Betrachtung der eigenen Rolle
- Entwicklung von Handlungsoptionen
- Herbeiführen von Lösungen

Coaching bietet sich auch für Projektgruppen und Schulleitungsteams an. In diesem Kontext vagabundiert derzeit der Begriff „Intrapreneurship“. Dahinter verbirgt sich der Ansatz, die „Spielräume“ der Kolleginnen und Kollegen zu erweitern, indem sie, basierend auf Verantwortungsbewusstsein, eigeninitiativ Schulentwicklungsprozesse gestalten. Ähnlich wie bei sogenannten „Start-ups“ vertraut man seitens der Schulleitung auf die Professionalität der Kolleginnen und Kollegen mit dem Ziel, kreative Lösungen für Probleme zu kreieren und Schulentwicklungsprozesse dynamisch fortzuentwickeln.

▼

Sparringspartner im Nachdenken

Einen „Übungsgegner" im Denken sollte sich jede und jeder in verantwortlicher Position suchen und leisten. Die Zeit, die man in den Austausch mit einem kritischen Gegenüber investiert, zahlt sich doppelt und dreifach aus, wenn es darum geht, Widerstände zu antizipieren, Konflikte zu analysieren, Gespräche und Strategien vorzubereiten. Die wiederkehrende Auseinandersetzung mit einem an Expertise ähnlich beschlagenen Gesprächspartner kann nicht ersetzt werden durch Gedankenspiralen im stillen Kämmerlein. Infrage kommen Sparringspartner, die sich in vergleichbaren Situationen bewegen, konkret: Stellvertretungen, Schulaufsicht, Schulleiterinnen bzw. Schulleiter anderer Systeme etc..

Schulleiterin bzw. Schulleiter – Manager oder was?

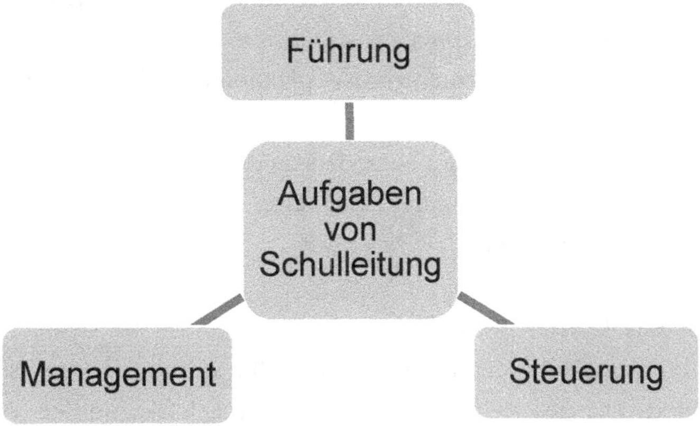

Abb. 1: Aufgaben von Schulleitung

Unter diesen drei Begriffen subsumieren sich die zentralen Aufgaben von Schulleiterinnen und Schulleitern. So sehen dies fast einheitlich die Bildungsbürokratie und verschiedene Verbände. Diese Begriffe müssen häufig als Stereotype herhalten, wenn es darum geht, die Komplexität der Herausforderungen in der täglichen Arbeit der Schulleitung zu beschreiben.

Führung

Der Begriff Führung ist nicht unumstritten. Lehrkräfte lehnen diesen gelegentlich ab, weil sie sich offenbar nicht führen lassen wollen. Sie sehen die Schulleiterin bzw. den Schulleiter lieber als eine Person, die zunächst die gleiche Ausbildung hat und allenfalls durch zusätzlich erworbene Qualifikationen die Schule leitet, also den primus inter pares. Der Begriff impliziert zwei Dimensionen. Die schwierigere ist neben der strukturellen die personelle Führung. Es gibt die alte, sich in Schulleitungen festgesetzte These, es gäbe nichts, was Lehrkräfte nicht unterlaufen oder zumindest elegant umgehen könnten. Da mag etwas dran sein, denkt man daran, dass Lehrkräfte in der Regel verbeamtet sind und das Mittel der Entlassung, anders als in der Industrie, aus gutem Grund nicht greift. Deswegen bedeutet dies allerdings nicht, dass Schulleiterinnen und Schulleiter auf den Anspruch von Führung verzichten dürfen.

Zu unterscheiden ist zwischen personeller und struktureller Führung.

Personelle Führung hat vor allem die Qualität und die Qualifizierung der Lehrkräfte im Blick. Sie zeichnet sich aus durch …

- die Schaffung von Strukturen zur Kooperation (z. B. Jahrgangsteams, Projektgruppen);
- Delegation von Aufgaben an besonders qualifizierte Lehrkräfte;
- Förderung und Fortbildung der Lehrkräfte;
- Lob und Anerkennung;
- Feedback-Gespräche;
- regelmäßige Gespräche mit Referendaren;
- klare Hinweise auf nicht akzeptable Verhaltens- und Arbeitsweisen (Klassiker sind verspäteter Unterrichtsbeginn, Vernachlässigung der Aufsichtspflicht, verspätete Rückgabe von Klassenarbeiten).

Strukturelle Führung bildet die „Innenarchitektur" und zeichnet sich aus durch …

- Organisationsstrukturen;
- durch Verantwortlichkeiten gekennzeichnete Geschäftsverteilungspläne;
- die Auswahl von neu einzustellenden Lehrkräften;

- Informations- und Kommunikationsstrukturen;
- den zielgerechten Einsatz von Ressourcen;
- die Schaffung von gut ausgestatteten Arbeitsplätzen;
- die Organisation der Arbeitsweisen von Fachkonferenzen und Projektgruppen,
- die Schaffung von Kooperationsformen auf Klassen-, Jahrgangs- und Fachebene.

Kaum ein Prozess verläuft störungsfrei. Er gestaltet sich stets dynamisch und basiert auf Interaktion. Es ergeben sich Probleme, die oftmals in Konflikte münden. Deswegen bedeutet Führung auch, Probleme und Konflikte zu analysieren, zu identifizieren und unter der Berücksichtigung berechtigter Interessen Einzelner Lösungen herbeizuführen.

Für Rolf Dubs kommt, wenn er von Führung spricht, ein Wesenszug hinzu, der antiquiert erscheint, aber ein „prägender Faktor" für das Führungsverständnis von Schulleiterinnen und Schulleitern ist – „der Charakter der Führenden". Er sieht Charaktereigenschaften, die „langfristig über den Erfolg" von Schulleiterinnen und Schulleitern „entscheiden". Diese listet er in folgender Tabelle auf (Dubs 2/2014, 36).

Caring	
Sich um das Wohl seiner Lehrperson bemühen, ihnen Sorge tragen	• Lehrkräfte in schwierigen Situationen diskret unterstützen • Hellhörig sein für Probleme der Lehrer- und Lehrerinnenschaft • Unterstützend wirken
Fairness	
Sich um eine Gleichbehandlung im Umgang mit seinen Lehrpersonen bemühen, unabhängig von persönlichen Empfindungen	• Offen sein gegenüber jedermann • Diskretion • Keine Vorteilsnahme
Glaubwürdigkeit	
Im Umgang offen und ehrlich sein; loyal und integer sowie verlässlich sein	• Kein opportunistisches oder auf eigene Interessen ausgerichtetes Verhalten • Gleicher Umgang mit allen Lehrpersonen • Stete Ehrlichkeit • Verlässlichkeit

Respekt	
Mit allen Lehrkräften mit ihren Eigenarten korrekt umgehen	• Gute Umgangsformen mit allen • Ehrlicher Umgang mit anderen Werten und Meinungen • Keine Geringschätzung über Sachverhalte und Menschen sichtbar machen
Verantwortung	
Bereitschaft zeigen, dass man als Schulleitungsperson bereit ist, Verantwortung zu tragen	• Bewusst Verantwortung übernehmen • Verantwortung nicht abschieben • Eigene Aufgaben ernsthaft erfüllen
Umgang mit Öffentlichkeit	
Die Schule in der Öffentlichkeit kompetent vertreten	• Hellhörig sein für Vorgänge in der Öffentlichkeit; informiert sein • Sich am öffentlichen Leben beteiligen • Öffentliche, verantwortungsbewusste Personen respektieren und ihnen offen begegnen

Management

„Management" ist belastet durch seine Herkunft aus der Industrie und wird daher nicht nur von den Lehrkräften, sondern auch von Schulleiterinnen und Schulleitern nicht immer gern verwendet. Bei genauerer Betrachtung wird jedoch deutlich, dass die damit verbundenen Aufgaben den Begriff Management durchaus rechtfertigen.

Aufgaben schulischen Managements sind:

- Planung, Verwaltung und Kontrolle der Ressourcen,
- Priorisierung der Fortbildungsmaßnahmen gemeinsam mit dem Personalrat auf Grundlage des Fortbildungsbudgets,
- Weitergabe von Informationen an das schulische Umfeld,
- Kooperation mit außerschulischen Partnern,
- Planung des Personaleinsatzes,
- Organisation der Rhythmisierung des Schultages,
- Organisation zuverlässiger Arbeitsabläufe im Sekretariat,
- Organisation transparenter Administrationsvorgänge.

Anders ausgedrückt: „Management is making people doing things right, leadership is making people doing the right things." (Bennis 2009).

Steuerung

Eine verantwortliche Steuerung schaut auf die Fortentwicklung der schulischen Prozesse, achtet auf das Zusammenspiel der Beteiligten und schafft Verlässlichkeit im Handeln. Ein System ohne Steuerung ist stark fragmentiert, vergeudet unnötig Ressourcen und führt in einem hohen Maße zur Unzufriedenheit aller Mitarbeiter.

Die Steuerung einer Schule ist gekennzeichnet durch …

- die Zielvereinbarungen zwischen Schule und Schulaufsicht (Grundlage können u. a. der Inspektionsbericht und die Ergebnisse von Tests und zentraler Abschlussprüfungen sein),
- die Umsetzung der vorgegebenen Curricula,
- die Prozessgestaltung verabredeter Schulentwicklungsvorhaben,
- die Organisation externer Beratung und Begleitung von Schulentwicklungsprozessen,
- Unterstützung durch Supervision und Coaching.

Dreifaltigkeit der Schulentwicklung und der Leitung – Prominenz der Begriffe

Das zunehmend systemische Denken von Schulleiterinnen und Schulleitern mit dem Ziel der Strukturierung von Schulentwicklungsprozessen führte in den 1990er-Jahren über das sogenannte „Drei-Wege-Modell“ der Schulent-

Abb. 2: Dimensionen der Schulentwicklung

wicklung. Eine entscheidende Pressure-Group war sicherlich das Institut für Schulentwicklungsforschung an der Universität Dortmund unter der Leitung von Hans-Günter Rolff.

Diese drei Dimensionen der Schulentwicklung, deren zentraler Bezugspunkt entsprechend des Bildungs- und Erziehungsauftrags die (Lern-)Entwicklung der Schülerinnen und Schüler ist, fächern sich wie folgt auf.

Personalentwicklung

- Entwicklung eines Personalentwicklungskonzepts für Lehrkräfte, Vertretungskräfte, Personal für ein „Freiwilliges soziales Jahr", Mitarbeiter und Mitarbeiterinnen im Rahmen des Ganztagsangebotes u. a.
- Auswahl des Personals entsprechend des Personalentwicklungskonzepts
- Unterrichtsbesuche
- Führen von Feedback- und Jahresgesprächen
- Entwicklung eines Fortbildungskonzepts
- Hospitation bei Referendaren
- Supervision/Coaching
- Erstellung anlassbezogener Beurteilungen
- Moderation von Konfliktgesprächen
- Kontinuierliche Professionalisierung des Schulleitungsteams

Lehrkräfte sind die wichtigste Ressource einer Schule. Deswegen brauchen Lehrkräfte die Unterstützung von Schulleiterinnen bzw. Schulleitern. Dazu mehr im Abschnitt „Salutogene Führung".

Organisationsentwicklung

- Erstellung eines Geschäftsverteilungsplan für die Schulleitung (Nennung von Verantwortlichkeiten und gegebenenfalls Entscheidungsbefugnissen)
- Erstellung eines Organisationsplans für Verwaltungsvorgänge
- Erstellung eines Haushaltsplanes
- Weiterentwicklung des Arbeitsprogramms (Schulprogramm)
- Gestaltung der Öffentlichkeitsarbeit
- Erstellung eines Projektmanagementplans für entsprechende Schulentwicklungsvorhaben

- Aufbau und Pflege von Kooperationsstrukturen im schulischen Umfeld
- Schaffen von Netzwerken mit anderen Schulen und Bildungseinrichtungen

Unterrichtsentwicklung

- Aufbau „professioneller Lerngemeinschaften" (Fachkonferenzen, Jahrgangs- und Klassenteams);
- Entwicklung schulinterner Curricula;
- Etablierung von Diagnoseverfahren (Lese-Rechtschreib-Schwäche, Dyskalkulie etc.);
- Systematisierung von Methodentraining und überfachlichem Lernen;
- Entwicklung von Strukturen für den Integrations- und Inklusionsunterricht;
- Treffen von Vereinbarungen für die Grundlagen der Leistungsbeurteilung in den einzelnen Klassen und Jahrgängen (Anzahl der Arbeiten, Maßstäbe für die Leistungsbeurteilung).

In der Addition bilden diese drei Dimensionen eine Art Blaupause für die grundlegende Arbeit von Schulleiterinnen und Schulleitern.

Erziehung als vierte Dimension

Der Begriff Schulmanagement klingt modern, wirkt rational und verspricht Effektivität – der Klang der Pädagogik verstummt dabei. Als vor knapp zehn Jahren in Hessen der Versuch unternommen wurde, ein Landesschulamt einzurichten, ging es u. a. auch um die Neustrukturierung der staatlichen Schulaufsicht. Auf einer zentralen Veranstaltung für die Schulaufsicht schallte es den Teilnehmerinnen und Teilnehmern entgegen: „Gewöhnen Sie sich daran, dass Sie im Rahmen Ihrer neuen Aufgaben keine Pädagogen mehr sind."

Dieser Zuspitzung in der Entwicklung ging der „Pisa-Schock" voraus, der zu inflationären Maßnahmen zur Überprüfung der Leistungen der Schülerinnen und Schüler geführt hat. Damit einher ging die Initiierung externer Evaluationsmaßnahmen, Schulinspektion genannt. Der Blick der Bildungspolitik richtete sich fast ausschließlich auf die Lernergebnisse.

Offensichtlich hat die Entwicklung der vergangenen 20 Jahre dazu geführt, dass pädagogisches und erzieherisches Arbeiten nicht mehr explizit in den

Handlungsfeldern von Schulleiterinnen und Schulleitern ausgewiesen wird. Bildungspolitiker werden diesen indirekten Vorwurf zurückweisen mit dem Hinweis, dass in der Arbeit mit Kindern und Jugendlichen Erziehung aufgrund der Ausbildung und des Berufsbildes per se angelegt ist. Umso wichtiger ist es, diese Aufgabenstellung deutlicher zu machen und deren Gewichtigkeit entsprechend auszuweisen.

Welche zentralen Handlungsfelder die Kultusbürokratien für zukünftige Schulleiterinnen und Schulleitern in einzelnen Bundesländern sehen, zeigt zusammengefasst die folgende Tabelle. Die Stichworte entstammen einer Internetrecherche und sind eher zufällig. Lediglich in Niedersachsen fällt in dieser Listung der Begriff Pädagogik. Für Hessen sind es die zentralen Module zur landesweiten Qualifizierung von Führungsnachwuchs.

Niedersachsen	Baden-Württemberg	Nordrhein-Westfalen	Hessen
Entwicklung der Unterrichtsqualität	Lehren und Lernen	Gestaltung und Qualitätsentwicklung	Kommunikation in der Leitungsrolle
Entwicklung der Organisationsstrukturen und Abläufe	Lehrer und Lernen	Personalmanagement	Unterrichtswirksame Führung
Förderung der pädagogischen Zusammenarbeit	Personal	Schulinterne Kommunikation und Kooperation	Schulbudget
Förderung der Personalentwicklung	Schule als Organisation	Schulexterne Kommunikation und Kooperation	Schulrecht
Beteiligung der Eltern- und Schülerschaft	Schule als Kooperationspartner	Recht und Verwaltung	Qualität entwickeln – Veränderungsprozesse steuern

Lernstörungen und Verhaltensauffälligkeiten von Schülerinnen und Schülern belasten in allen Schulformen die Arbeit der Lehrkräfte in einem hohen Maße. Aus vielen Untersuchungen ist bekannt, dass den Schulen keine ausreichenden Ressourcen zur Bewältigung dieser Herausforderungen zur Verfügung stehen. Der Schulleiterin bzw. dem Schulleiter bleibt häufig nur noch die Rolle des „Troubleshooters“ in besonders schwierigen Fällen.

Mit diesen Phänomenen haben sich Schulen z. B. auseinanderzusetzen:

- Lernstörungen
  - Lese-Rechtschreibschwäche
  - Dyskalkulie
  - Lernbehinderung
- Unterschiedliche Sprachfähigkeiten: Problem der Integration von Schülerinnen und Schülern, deren Muttersprache nicht Deutsch ist
- Verhaltensauffälligkeiten
  - Konzentrationsschwierigkeiten
  - Leistungsverweigerung, Aufmerksamkeits-Defizit-Syndrom mit Hyperaktivität (ADHS)
  - aggressives Verhalten
  - ständiges Stören des Unterrichts
  - Krankheitsbilder wie Magersucht, autoaggressives Verhalten und Suizidalität
  - Schulabsentismus

Die genannten Phänomene sind verschiedenen Ebenen zuzuordnen. Sie erfordern unterschiedliche Herangehensweisen und stellen Lehrkräfte vor immense Probleme. In einem hohen Maße sind vor allem pädagogische Konzepte gefragt, die weitestgehend jeder Schülerin und jedem Schüler gerecht werden.

Wir wissen, dass es unterschiedliche Sichtweisen zur Erklärung von Verhaltensauffälligkeiten von Schülerinnen und Schülern gibt. Schnell wird auf der Suche nach Ursachen nach Erklärungsmustern gesucht, die außerhalb der Schule und damit außerhalb ihres Einflusses liegen. Dazu gehören …

- die instabilen Verhältnisse im Elternhaus
- der Freundeskreis
- der Einfluss und die Nutzung von Medien

Allerdings ist vor vorschnellen Festlegungen zu warnen. Denn ein in der Pubertät aufkeimender Leistungswille ist ja nicht unbedingt weit verbreitet. Dies fordert nicht unmittelbare Intervention der Lehrkräfte. Auch sind Lehrkräfte nicht immer frei von Vorurteilen. Es fallen leider immer noch Sätze in Lehrerzimmern wie „Das wundert mich nicht bei Hans, sein Vater war genauso“.

Für Auffälligkeiten von Schülerinnen und Schülern können Ursachen aber auch im System der Einzelschule liegen.

Solche Ursachen können sein:

- Schulklima
- Organisation des Schulalltags
- Diversität der Schülerschaft
- Zusammensetzungen der Klassen
- Gestaltung des Unterrichts
- Lehrerverhalten
- die Gestaltung des Verhältnisses zwischen Schülerinnen und Schülern sowie den Lehrkräften

Liest man die Leitbilder, die Erziehungsziele und das Arbeitsprogramm vieler Schulen, dann wird deutlich, dass sich die Schulen der Probleme durchaus bewusst sind und nach Lösungen suchen. Welche Aufgaben Schulleiterinnen und Schulleiter in diesem Kontext haben könnten, stellt folgende Überlegung dar. Ausgehend von der Dreidimensionalität der Schulentwicklung drängt sich eine vierte Dimension auf, die schon vor 20 Jahren von Hans-Günter Rolff als womöglich „zukünftiger Hauptauftrag" gesehen wurde und die Hilbert Meyer explizit einfordert (Meyer 2015), nämlich die „Erziehungsentwicklung".

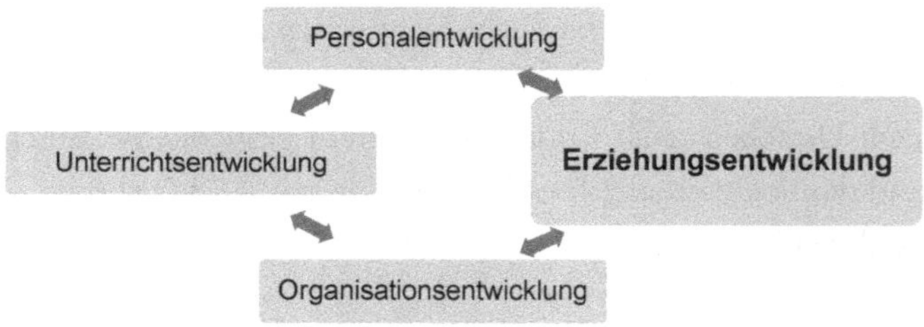

Abb. 3: Erziehungsentwicklung als vierte Dimension

Erziehungsentwicklung

Unabhängig von einem möglichen Erziehungskonzept haben Schulleiterinnen und Schulleiter im Rahmen ihrer Gesamtverantwortung verschiedene Handlungsoptionen. Ohne Anspruch auf eine vollständige Auflistung können sie …

- Einfluss auf die Zusammensetzung der Klassen bzw. Lerngruppen nehmen;
- auf die Einhaltung verabredeter Umgangsformen achten;
- auf die Gleichbehandlung bei Reglementierungen achten;
- dafür sorgen, dass Unterstützungssysteme in Anspruch genommen werden (Schulpsychologie, Pro Familia, Drogenberatung u. a.);
- in schwierigen Unterrichtssituationen, bei nicht tragbaren Unterrichtsstörungen die Lehrkräfte entlasten (Einrichtung eines „Timeout-Raumes“);
- im Rahmen von ganztägigen Unterrichtsangeboten entsprechende Angebote für betreffende Schülerinnen und Schüler einrichten;
- verbindliche Förderkonzepte entwickeln;
- gemeinsam mit Eltern und Lehrkräften Projekte entwickeln mit dem Ziel, die Schülerinnen und Schüler zu mehr Toleranz, Respekt und Akzeptanz zu erziehen.

Schon diese wenigen Beispiele machen die Notwendigkeit von Erziehungsentwicklung deutlich. Sie zeigen auch die Vielfältigkeit und Komplexität der Arbeit. Die Bewältigung dieser Schwierigkeiten macht schnelle Erfolge eher unwahrscheinlich. Unabhängig von der Diversität und Heterogenität der Schülerschaft gilt es vor allem innerhalb eines Kollegiums, einen Konsens über zentrale und für alle verbindlichen Erziehungsziele zu erreichen. Diese bedeutet oftmals über Jahre viel Arbeit. Da stoßen im Laufe der Zeit die individuellen Normen und Werte der Lehrkräfte und natürlich auch die der Schulleiterinnen und Schulleiter aufeinander.

Der Konsens über Erziehungsentwicklung lässt sich sicherlich nicht über Abstimmungen mit vermeintlichen Mehrheiten erreichen. Eher führt der Weg über die vereinbarten Leitziele und die im Schulprogramm festgelegten Schulentwicklungsthemen sowie über die notwendigen Maßnahmen zur Erhaltung des Unterrichts- und des Schulbetriebs. Diese zu verabredenden Vereinbarungen könnten Grundlage verbindlichen Handelns sein.

Führungskonzepte

Die theoretische Diskussion um die Begriffe Leitung und Führung soll an dieser Stelle nicht geführt werden, da sie in der Praxis von Schulleiterinnen und Schulleitern keine nennenswerte Relevanz besitzt. In den nächsten beiden Abschnitten soll es zunächst um Leitungskonzepte und Führungsstile gehen. Unabhängig von ihren unterschiedlichen Ausprägungen verbindet die drei Leitungskonzepte und Führungsstile eine gemeinsame Blickrichtung: Es geht um die Bündelung von Personal-, Organisations- und Schulentwicklung zu einer kohärenten und konsistenten Qualitätssicherung und Schulentwicklung. Die drei Ansätze implizieren unserer Meinung nach ein Leitungshandeln, das in einem „Mix" von jeder Schulleiterin und jedem Schulleiter situationsabhängig praktiziert wird.

Abb. 4: Leitungs-„Mix"

Konfluente Leitung

Wir haben zu Beginn dieses Kapitels von der hohen Komplexität des Systems Schule gesprochen. Aus dieser Komplexität wird deutlich: Schule leiten kann nie eine „Eine Frau/ein Mann–Veranstaltung" sein.

Vorrangiges Ziel konfluenter Führung ist es, einer Fragmentierung der Schule entgegenzuwirken oder, positiv ausgedrückt, Führung, Management und Steuerung zusammenzuführen. Diese zentrale Aufgabe bedeutet für Schulleiterinnen und Schulleiter, Führungsaufgaben zu verteilen („distributed leadership") und damit eine Vertrauensbasis der Zusammenarbeit zu schaffen. Darüber hinaus geht es auch um die Zusammenführung von Arbeitsergebnissen einzelner Projektgruppen oder auch Fachkonferenzen. Dieses Konzept hat also nicht allein die Arbeitsorganisation der Schulleitung zum Gegenstand, sondern der Blick richtet sich auch auf die anderen „Entscheidungsträger" wie Fachkonferenzen, Klassen- und Jahrgangsteams; auch „Pressure-Groups" gehören dazu. Sie tragen bei entsprechender Beauftragung der Gesamtkonferenz auf Dauer zur besonderen Profilierung der Schule bei (z. B. Europa-Schule). In diesen Konstellationen dreht es sich nicht nur um Sachverwaltung, sondern im Idealfall um Kooperation von Lehrkräften, die sich als professionelle Lerngemeinschaften verstehen.

Gute Schulleiterinnen und Schulleiter sehen konfluente Leitung (also den Zusammenfluss von Führung, Management und Steuerung) mit klar definierten Aufgaben und Zuständigkeiten als ein Modell, das Entlastung für die Beteiligten schafft und ihnen die Verantwortlichkeit für die Umsetzung zuweist. Für Schulleiterinnen und Schulleiter ist es eine elementare Aufgabe, für diesen Zusammenfluss durch organisatorische und strukturelle Maßnahmen zu sorgen. Die Klammer für dieses Vorgehen bilden das Leitbild, das Schulprogramm und die Beschlüsse der Gesamt- bzw. Lehrerkonferenz.

Salutogene Leitung

Wohlbefinden, Arbeitszufriedenheit, psychische Belastungen und gesundheitliche Einschränkungen haben Auswirkungen auf unterschiedliche Bereiche einer Schule.

Fasst man Umfragen diverser Versicherungsträger der Lehrer/innenverbandsvertreter zusammen, kommt man zu diesen Ergebnissen:

- Fast die Hälfte aller Lehrkräfte leidet unter psychosomatischen Beschwerden.
- Zwei Drittel fühlen sich auf Dauer übermäßig belastet.

- An Burnout-Symptomen leidet ein Viertel der Lehrkräfte.
- Bei etwa einem Fünftel der Betroffenen führen die übermäßigen Belastungen zu Krankheiten.
- Trotz relativ hoher Berufszufriedenheit glaubt kaum die Hälfte der Lehrkräfte, dass sie bis zum Pensionsalter arbeitet.

Es ist bewiesen, dass Lehrkräfte zunehmend über zu große Belastungen klagen und stärker krankheitsanfällig sind. Vorkommnisse wie beispielsweise in Hessen, wo neben einzelnen Lehrkräften auch ganze Schulen Überlastungsanzeigen an das Kultusministerium geschickt haben, sollten alarmierend wirken. Vergleichbare Signale kommen aus anderen Bundesländern wie beispielsweise Niedersachsen, wo sich Lehrkräfte vehement über mangelnde Unterstützung durch das Kultusministerium beklagen.

Die Belastungsphänomene sind landauf, landab dieselben:

- zunehmende Erziehungsprobleme
- Auseinandersetzungen mit Eltern über den geeigneten Bildungsweg der Kinder
- die Integration von Schülerinnen und Schülern unterschiedlicher Herkunft und unterschiedlichen kulturellen Hintergrunds
- erhebliche Schwierigkeiten bei der Umsetzung bildungspolitischer Vorgaben
- vielfältige Probleme mit Eltern aus bildungsfernen Haushalten
- mangelnde Bereitschaft der Schülerinnen und Schüler, sich an Regeln zu halten

Es werden aber auch systemische Mängel beklagt:

- zu lange Konferenzen
- mangelnde Kooperation im Kollegium
- kaum Ruhezonen in der Schule
- Störungen in den großen Pausen
- wenig strukturiertes und transparentes Vorgehen der Schulleitung

Die beiden Listen ließen sich leicht um viele Punkte erweitern. Deutlich werden aber die Dimension der Probleme und die Auswirkungen auf die Gesundheit der Betroffenen. Viele Probleme lassen sich sicherlich nicht einfach lösen. Doch es gibt geeignete Maßnahmen, die „hausgemachten“ Belastungserscheinungen entgegenwirken können. Bei solchen Meldungen muss die Schulleitung unbedingt eingreifen und in Zusammenarbeit vor allem mit dem Personalrat schnellstmögliche Entlastungen und Verbesserungen herbeiführen.

Rolff (2017, 42) weist auf die hohe Praxisrelevanz folgender Maßnahmen hin, die zu einem „geringeren Belastungserleben" vor allem für Lehrkräfte und anderes schulisches Personal führen:

- „Gesundheitsförderung wird als Teil der eigenen Schulentwicklung betrieben.
- Gesundheitsförderung ist im Leitbild sowie im Schulprogramm verankert.
- An der Schule gibt es ein Bewusstsein für die Erhaltung und Förderung der Gesundheit.
- Lehrkräfte werden schulweit bei Disziplinproblemen oder Unterrichtsproblemen unterstützt.
- Die Arbeitssituation der Schule wird systematisch zu verbessern versucht."

In der strategischen Umsetzung könnte das z. B. bedeuten, …

- einen respektvollen und toleranten Umgang im Kollegium zu praktizieren;
- ein gemeinsames Verantwortungsbewusstsein unter den Lehrkräften zu entwickeln;
- seitens der Schulleitung die Probleme von Lehrkräften ernst zu nehmen;
- seitens der Schulleitung grundsätzlich keine willkürlichen Entscheidungen zu treffen;
- gemeinsame Rituale zu pflegen wie Schulfeste, Musikabende, gemeinsame Ausflüge (aber bitte nicht im üblichen Modus: Hinfahrt, Dom anschauen, essen gehen, Rückfahrt – fehlt eigentlich nur noch der Wärmedeckenverkauf).

Es gibt allerdings auch Fälle, wo sich die Schulleiterinnen und Schulleiter durchaus und zu Recht fragen, wo denn die konkrete Belastung bei einzelnen Lehrkräften liegt. Dies sind zwar Einzelfälle, aber es gibt sie eben. Manche Lehrer bauen nämlich im Umgang mit der Schulleiterin bzw. dem Schulleiter auf den „sekundären Krankheitsgewinn" – wer mehr klagt und vordergründig leidet, bekommt auch mehr Unterstützung.

Leitung aus dem Hintergrund

Diese von Hans-Günter Rolff formulierte und exponierte Begrifflichkeit ist eine Übersetzung des Englischen „Leading from behind". Dieses Führungskonzept sieht Rolff als zukunftsweisend und „höchst zeitgemäß" (Rolff 2017, 43), weil „Schulleiterinnen und Schulleiter (...) ein Führungsverständnis leben, das dem neuen ‚lernseitigen' (Schratz) pädagogischen Grundverständnis entspricht, welches die Schülerinnen und Schüler aktivieren, deren Selbstständigkeit und Selbstverantwortung stärken und den Unterricht durch deren Augen sehen will." Zur Präzisierung und Verdeutlichung dieses Führungskonzepts stellt Rolff (ebd., 44) folgende Gegenüberstellung bereit.

Führung aus dem Hintergrund	Führung aus dem Vordergrund
Fragehaltung	Bescheidwisser-Haltung
Begleiter	Ratgeber
innovativ	bewahrend
Fehler als Chance	Fehler als Probleme
reduzierte Kontrolle	erhöhte Kontrolle
Feedback einholen	sich selbst einschätzen
herausfinden, was die Geführten wollen	auf eigene Lösungen drängen
gemeinsam explorieren	an bewährten Lösungen festhalten
Chancen zeigen	Gefahren betonen
für Transparenz sorgen	Informationen zurückhalten
partizipativ handeln	hierarchisch handeln
Forschergeist	Vorschriftenorientierung
Fokus auf Möglichkeiten	Fokus auf Lösungen

Alle drei Konzepte implizieren ein Leitungsverständnis, das ...

- demokratisch angelegt ist,
- Partizipation aller Beteiligten als grundlegend für Schulentwicklung sieht,
- Verantwortungsübernahme auch mit Befugnissen für selbstständiges Entscheiden und Handeln ausstattet,
- wertschätzend allen Beteiligten gegenüber ist,
- stetige Professionalisierung der Personen als existenziell ansieht,
- für weitgehende Transparenz sorgt,

- verlässliche Arbeitsstrukturen schafft,
- für verlässliche Informationswege steht,
- die Kommunikation aller Personen befördert,
- Entscheidungen zielorientiert nachvollziehbar macht,
- für weitestgehend reibungslose und verlässliche Arbeitsabläufe sorgt,
- unangebrachte Belastungen für die Lehrkräfte vermeidet,
- den schonenden Umgang mit Ressourcen vorrangig in den Blick nimmt und die Erhaltung der Gesundheit aller Mitarbeiterinnen und Mitarbeiter als zentrale Aufgabe begreift.

▼

Keine Schulleiterin bzw. kein Schulleiter würde von sich behaupten, sie/er sei undemokratisch und Entscheidungen würden ohne Beteiligung der Betroffenen herbeigeführt. Es gibt aber auch Schulleiterinnen und Schulleiter, die sehr autokratisch getaktet sind. Nach dem Motto: Alle dürfen der Meinung sein, sie hätten etwas zu sagen, letztendlich entscheide aber ich. Ist man dieser Auffassung, fördert dies die Unzufriedenheit im Kollegium, permanente (versteckte oder offene) Widerstände werden aufgebaut, Zeitressourcen werden maßlos verschwendet und letztendlich wird dadurch die gesamte Schule in ihrem Handeln gelähmt.

Richtig verstandene Partizipation zeichnet sich durch die Beteiligung aller aus. Sie bindet Kolleginnen und Kollegen nicht nur in Meinungsbildungsprozesse ein, sondern schafft auch Räume, über entsprechende Verfahren Entscheidungen mitzutreffen.

Führungsstile

Der Präzeptor der modernen Sozialpsychologie, Kurt Lewin, unterschied drei Führungsstile:

- autoritäre Führung
- demokratische Führung
- Laissez-faire-Führung (entsprechend des Französischen: gewähren lassen)

Das sind sozusagen die Klassiker. Sie spielen in der aktuellen Diskussion nur bedingt noch eine Rolle. Es gibt sicherlich noch vereinzelt puristische Schulleiterinnen und Schulleiter, die ein eindimensionales Führungsverständnis haben, sie blicken allerdings in der Regel mit einigem Recht voller Bescheidenheit auf die Schulentwicklung ihrer Schule.

In der derzeitigen vor allem wissenschaftlichen Diskussion werden zwei Führungsstile thematisiert.

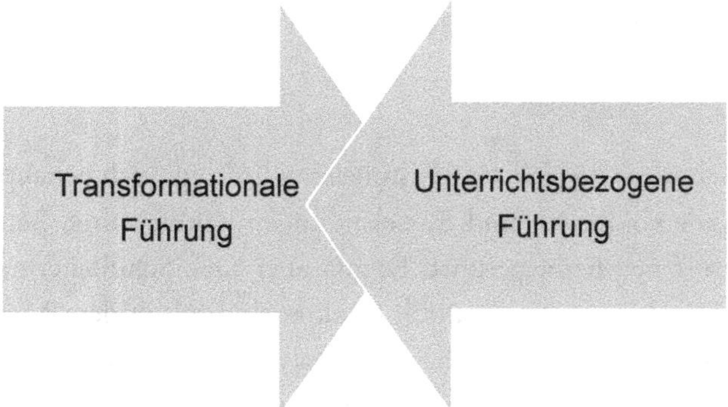

Abb. 5: Führung

In der Zusammenführung internationaler Forschungsergebnisse kommt Hattie zu dem Schluss, die „Meta-Analysen stützen die Ansicht, dass unterrichtsbezogene Führung in Bezug auf die Schüler-Outcomes wirksamer" ist als die transformationale Führung (Hattie 2013, 99). Aus der Sicht der Lehrkräfte wird eindeutig die transformationale Führung bevorzugt (ebd., 100). Dies leuchtet ein, betrachtet man die beiden Führungsstile.

Transformationale Führung

Transformationale Führung kennzeichnet sich durch folgende Merkmale: Die Schulleiterin bzw. der Schulleiter ...

- sieht sich in seinem Selbstverständnis als Vorbild;
- sieht sich als Türöffner und Impulsgeber für Schulentwicklung;
- fördert durch entsprechende Kooperationsformen die Teamentwicklung hin zu professionellen Lerngemeinschaften;

- fordert von den Lehrkräften Partizipation an der Schulentwicklung und Übernahme von weitestgehender Verantwortung für die Ausgestaltung des Unterrichts ein.

Unterrichtsbezogene Führung

Dagegen fokussiert sich die unterrichtsbezogene Führung im Wesentlichen auf diese Punkte:

- die Förderung der Fortbildung der Lehrkräfte;
- den möglichst reibungslosen Ablauf des Unterrichts durch einen klar strukturierten Stunden- und Jahreszeitplan;
- die Weiterentwicklung schulinterner Curricula;
- die Evaluation des Unterrichts;
- die Überprüfung der Lernerfolge und -ergebnisse anhand externer und interner Zielvorgaben;
- das Angebot notwendiger Maßnahmen zur Unterstützung von Schülerinnen und Schülern zur Steigerung der Lernleistungen;
- die Effizienz und Effektivität der Fachkonferenzen.

Diese beiden Führungsstile verfolgen jeweils einen systemischen Ansatz mit Blick auf die Unterrichtsentwicklung und mit Blick auf das Personal – in Teilen auch der Organisationsentwicklung. Fragt man Schulleiterinnen und Schulleiter, so wird nicht die theoretische Trennung – wie oben dargestellt – vorgenommen, geschweige denn eine eindeutige Präferenz genannt. Aufgrund der jährlich wiederkehrenden externen Messungen der Schülerinnen- und Schülerleistungen rückt der transformationale Führungsstil in den Vordergrund. Dagegen spricht zunächst nichts, doch sollte daran gedacht werden, dass die unterschiedlichen Herausforderungen, die nun eben nicht immer mit Unterricht zu tun haben, ein der Situation angemessenes Führungsverhalten der Schulleitung erfordern.

Bei genauer Betrachtungsweise wird es wohl kaum eindimensional handelnde Schulleiterinnen und Schulleiter geben. Es wird immer eine Mischung unterschiedlicher Aspekte von Führung sein, orientiert an sachlichen Notwendigkeiten und vor allem an der eigenen Person. „Was passt zu mir? Führe ich authentisch?“ Das muss jede Führungskraft selbst herausfinden und durch entsprechende Unterstützung (s. o. Coaching) in einem kontinuierlichen Prozess modifizieren. Kurz gesagt: Arbeit an der eigenen Performance. Erfahrene und vor allem selbstreflektierende Schulleiterinnen und Schulleiter stellen fest, dass es zwar einige Prinzipien gibt, an denen sie festhalten, sich aber dennoch ihr Führungsverhalten verändert hat. Dies hat sicherlich viel mit Erfahrung und hilfreicher Routine zu tun.

Leitbild und Schulprogramm als Arbeitsprogramm

Eine weitere Folie für die Qualitätsentwicklung einer Schule ist die Arbeit mit dem Schulprogramm.

Mitte der 1990er Jahre wurde in vielen Bundesländern seitens der Bildungsbürokratie der Beschluss gefasst, dass Schulen ihr eigenes Schulprogramm entwickeln sollten. Die Not an den Schulen war groß, da die Vorstellung von dem, was da geschehen sollte, teilweise recht konfus war und Unterstützungen nur bedingt zur Verfügung standen. Die ersten Ergebnisse waren bei einigen Schulen im wahrsten Sinne des Wortes gewichtig. Nicht wenige Schulen lieferten den Staatlichen Schulämtern in einem Karton mehrere Ordner mit der Aufschrift „Schulprogramm“ ab. Es wurde bilanziert, niedergeschrieben, was das vermeintliche Profil der Schule ausmacht, bestehende Konzepte wurden überarbeitet und zu Papier gebracht. Dem voraus gingen langwierige Arbeitsphasen und heftige Diskussionen in den Kollegien über Ziele und Vorhaben. Die Beschlüsse über das Schulprogramm waren häufig nicht von Überzeugung getragen, sondern eher von dem Gefühl, es endlich geschafft zu haben.

Was sollen eigentlich Schulprogramme sein? Man kann auch heute noch Elmar Philipp und Hans-Günter Rolff folgen, wenn sie diese Frage in drei Punkten beantworten (Philipp/Rolff 2006, 17).

- „Ein Schulprogramm ist Ausdruck planvoller pädagogischer Schulgestaltung.“
- „Das Schulprogramm entsteht in dem Maße, wie die Aktivitäten, Verhaltensweisen und Gegebenheiten in einen pädagogischen Zusammenhang gebracht werden.“
- „Das Schulprogramm beruht auf dem kontinuierlichen Bemühen um Übereinstimmung in grundsätzlichen Zielen und Handlungsweisen.“

In Abgrenzung dazu sind die Merkmale eines Leitbildes:

- „Ein Leitbild ist kurz gefasst und pointiert formuliert."
- „Ein Leitbild soll Ausdruck des gemeinsamen Grundes und des Zukunftswillens einer Schule sein."
- „Im Leitbild werden die Grundideen artikuliert, nach denen sich eine Schule ausrichten will."
- „Ein Leitbild ist selbstbezogen. Das heißt, dass es Eigentum einer einzelnen Schule ist und von dieser Schule auch hergestellt wird. Ein Leitbild kann man nicht von anderen übernehmen, man muss es selbst gebären. Und niemand kann ein Leitbild für andere produzieren." (ebd., 15)

Relativiert wird diese „reine Lehre" durch Erkenntnisse aus vielen Gesprächen mit Schulleiterinnen und Schulleitern und den Erfahrungen aus Schulentwicklungsgesprächen zwischen Schulaufsicht und den Schulleitungen. Die Quintessenz dessen lässt sich in vier Aussagen zusammenfassen.

- Leitbilder einer Schule werden in der Regel „gelebt".
- Durch die Diversität und Heterogenität sind pädagogische Grundsätze Teil des Leitbildes geworden und werden kontinuierlich diskutiert und bei Bedarf modifiziert.
- Pädagogische Grundsätze werden oftmals mit Regeln verknüpft. Begründet wird dies mit zunehmenden Verstößen gegen die Grundsätze. Dahinter steckt auch der Wunsch vieler Lehrkräfte, bei Verstößen einheitlich zu intervenieren und die gleichen Maßnahmen zu ergreifen.
- Schulprogramme reduzieren sich auf Leitbild und Arbeitsprogramme. Sie verzichten weitestgehend auf eine umfängliche Darstellung der Arbeit in den einzelnen Fächern und anderen Bereichen. Verwiesen wird auf bestehende Konzepte (zusätzliche Förderung, LRS) und zunehmend auf das Ganztagsangebot. Diese sind jedoch nicht Bestandteile des Schulprogramms.

Entsprechend ergibt sich folgende Struktur:

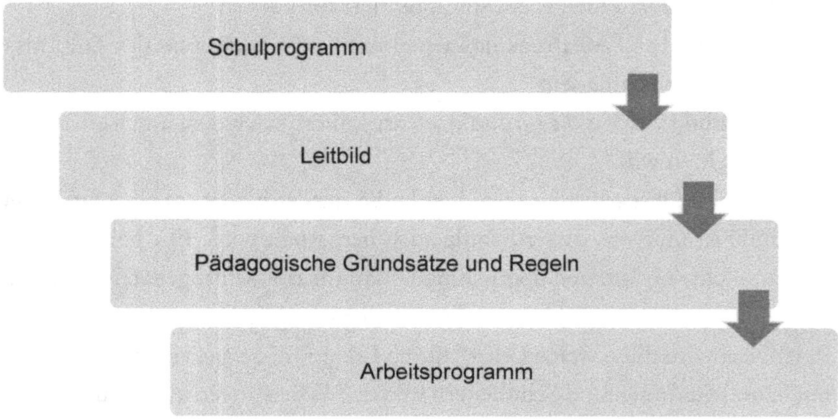

Abb. 6: Schulprogramm

Vor allem Schulen mit mittlerem Bildungsabschluss verwenden diese Struktur. Da heißt es dann z. B. im Hinblick auf …

- das Leitbild: „Wir fördern alle Schülerinnen in ihren unterschiedlichen Fähigkeiten und Fertigkeiten."
- pädagogische Grundsätze: „Unser Unterricht und unsere erzieherische Arbeit orientieren sich an unserem Ziel, jeder Schülerin und jedem Schüler den Einstieg in eine berufliche Ausbildung zu ermöglichen."
- damit verbundene Regeln: „Jede Schülerin und jeder Schüler hat pünktlich zum Unterricht zu erscheinen. Mit den zur Verfügung gestellten Materialien und Geräten wird sorgsam umgegangen."

Diese pragmatische Form des Schulprogramms, auf allenfalls zehn Seiten niedergeschrieben, ist vor folgendem Hintergrund erklärbar. In vielen Kollegien hatte sich enormer Frust aufgebaut durch die nicht selbst verschuldete Konzeptlosigkeit der Schulprogrammarbeit in den 1990er Jahren und im Kontext der etwa zehn Jahre später beginnenden Schulinspektion, die ein umfassendes Schauprogramm einforderte. „Ergebnisse der Ausgangsanalyse zum Aufbau des schulischen Qualitätsmanagements an selbstständigen Schulen (SES) in Hessen", herausgegeben von der Hessischen Lehrkräfteakademie, aus dem Jahr 2015 belegen die eher dürftige Schulprogrammarbeit. In dem Bericht heißt es auf Seite 7: „Eine Ausrichtung der Unterrichts- und Schulentwicklung (z. B. im Rahmen der Schulprogrammarbeit) an konkreten (Leit-)Zielen bzw. einem schulischen Leitbild ist in den evaluierten Schulen nur selten zu erkennen. Gleiches gilt für die Festlegung verbindlicher Maßnahmen und Zuständigkeiten für die Aufgaben der Qualitätssicherung und -entwicklung. Trotz dieser relativ ungeklärten Basis wird in den Schulgemeinden durchaus wahrgenommen, dass Maßnahmen zur Qualitätsverbesserung ergriffen werden (u. a. Verbesserung der Ausstattung, AG-Angebot, Förderangebote). Aufgrund der fehlenden Festlegungen zum Qualitätsmanagement (z. B. im Rahmen eines Qualitätskonzepts – siehe oben) sind den Lehrkräften die Maßnahmen, die schulspezifisch zur Qualitätssicherung genutzt werden sollen, kaum transparent und können dementsprechend nur mit Einschränkungen Akzeptanz finden."

Dies klingt nicht unbedingt ermutigend. Vor allem wenn man bedenkt, dass die Schulen bereits zweimal umfänglich in den vorhergehenden zehn Jahren inspiziert wurden.

Trotzdem hat die Arbeit an und mit einem handhabbaren Schulprogramm nicht nur für Schulleiterinnen und Schulleiter wichtige Funktionen. Das Leitbild …

- trägt im Innenverhältnis zur Identifikation mit der Schule bei.
- vermittelt der Öffentlichkeit das Selbstverständnis der Schule.
- ist eine Konstante in der Qualitätsentwicklung der Schule und dient somit auch als Orientierungshilfe für Veränderungsprozesse.

Pädagogische Grundsätze und Regeln …

- liefern Informationen über die Gestaltung von Unterricht und Erziehung.
- sind für die Lehrkräfte Grundlagen für gemeinsames Vorgehen und Handeln.
- machen Eltern sowie Schülerinnen und Schülern deutlich, wie pädagogische Arbeit an der Schule verstanden wird.

Das Arbeitsprogramm …

- weist die Schulentwicklungsschwerpunkte der kommenden zwei, drei Jahre aus.

- fokussiert den Ressourceneinsatz für diesen Zeitraum.
- ist Grundlage für die Steuerung des Schulentwicklungsprozesses.

▼

Schulprogrammarbeit leicht gemacht
Es gab allerdings Schulen, wenn auch wenige, die sich diesen Stress ersparten. Mit drei Flaschen Rotwein unterm Arm – kein Witz (!) – bekamen zwei, drei Kolleginnen und Kollegen den Auftrag, bitte einen beschlussreifen Vorschlag für ein Schulprogramm für die Gesamtkonferenz vorzulegen. Stellenweise half auch der Schulleiter bei dieser niederen Arbeit mit.

Die im ersten Teil dieses Kapitels erläuterten sechs zentralen Felder werden im Folgenden ergänzt durch zwei spezifische Rollen, in denen Schulleiterinnen und Schulleiter besonders gefordert sind.

Schulleiterinnen und Schulleiter als Akupunkteure der Schulentwicklung

Bei der Akupunktur geht es um die Reizung bestimmter Körperpunkte zur Beeinflussung der Regulation des Körpers. Durch die „periphere Stimulation" einiger Akupunkturpunkte, so weisen dies Studien nach, werden verstärkt Endorphine ausgeschüttet.

Transformiert man die Grundidee der Akupunktur auf die Organisation Schule, so lässt sich daraus für die „Akupunkteure" Schulleiterinnen und Schulleiter Folgendes ableiten:

- Sie haben einen systemischen Blick und fokussieren sich nicht auf einzelne Phänomene.
- Sie erkennen mithilfe einer guten Informations- und Kommunikationsstruktur rasch die Problemfelder.
- Sie beziehen auf Grundlage vertrauensvoller Zusammenarbeit andere Verantwortungsträger (Schulleitungsmitglieder, Personalrat) bei der Entscheidungsfindung mit ein.
- Sie verfügen über geeignete Verfahren, um Störungen zu identifizieren.

- Sie verfügen über professionelle Handlungsoptionen für eine notwendige Intervention. Damit sind keinesfalls vorrangig rigide Methoden gemeint, sondern eher vermittelnde und korrigierende Vorgehensweisen. Und wenn dabei noch die berühmten Endorphine als aufmunternde und motivierende Impulse freigesetzt werden, dann ist eine Menge erreicht.

An bestimmten Punkten ansetzen meint aber nicht, an den berüchtigten Stellschrauben drehen. Hans-Günter Rolff weist zu Recht in einer Glosse in der Zeitschrift „Gemeinsam lernen", Heft 3/2017, auf Seite 57 darauf hin, dass soziale Organisationen keine Maschinen seien, schon gar nicht die Schule. „Wer", so Rolff, „mit dieser Metapher arbeitet, stellt sich die Schule offenbar als Apparat oder Maschine vor, bei der ein Zahnrad passgenau (...) ins andere greift, also nicht systemisch, sondern mechanisch."

Schulleiterinnen und Schulleiter nehmen die Schlüsselposition ein, die dafür sorgt, dass aus Anliegen bei gegebener Transparenz und offener Abstimmung in den entscheidenden Gremien Verabredungen für zielgerichtetes Handeln werden. Sie sind einerseits Ermöglicher schulinterner Entwicklung und andererseits staatliche Sachverwalter.

Es soll angeblich Kollegien geben, die meinen, auch ohne eine Schulleiterin bzw. einen Schulleiter auszukommen, weil Schulleitungshandeln kaum bemerkt und damit nicht wirksam wird. Das mag in wenigen Einzelfällen stimmen, doch sie kommen allenfalls klar nach dem Motto: „Da probiert ein jeder, was er mag." Aber ohne eine gute Schulleiterin bzw. einen guten Schulleiter wird es keine gute Schule geben.

Und Schulleiterinnen und Schulleiter, die glauben, sie hätten schon alles erlebt und könnten sich entspannt zurücklehnen, denen sei gesagt: „Es bleibt alles, wie es niemals war."

Die Schulleiterin bzw. der Schulleiter darf sich nicht als scheues Reh verhalten und bei der kleinsten Unruhe hinter die Büsche springen. Selbstverständlich gibt es Tage, an denen plötzlich und unvorhersehbar Ereignisse auftreten, die nicht sofort und schon gar nicht gleichzeitig zu bewältigen sind. Hier hilft Selbstbewusstsein im Auftreten und Mut zu Priorisierung. Das mag nicht jedem der Betreffenden gefallen, ist aber allemal noch besser, als chaotisch schnellstmöglich allen und allem gerecht werden zu wollen.

„In der Ruhe liegt die Kraft." oder „Bevor ich mich aufrege, ist es mir erst mal egal." sind zwei fatalistische Ratschläge, die nur in den seltensten Ausnahmen in solchen Situationen weiterhelfen.

Schulleiterinnen und Schulleiter sind diejenigen, die Ideen aus dem Kollegium aufgreifen und eigene Ideen zielorientiert in Entwicklungsprozesse münden lassen. Bei diesen Prozessen, die in der Regel nicht unwesentliche Veränderungen nach sich ziehen, ist die sogenannte „operative Hektik" nicht gefragt. Vielmehr sollten sie sich vorab im Sinn einer Checkliste folgende Fragen stellen:

- Gibt es einen Anlass, der Veränderungen notwendig macht?
- Welchen Nutzen hätte die Schule von diesen Veränderungen?
- Was würde konkret verändert?
- Wie würden sich die Veränderungen an welchen Stellen im System auswirken?
- Was würde passieren, wenn sich nichts verändert?
- Wie lassen sich die Inhalte mit dem Leitbild und den Erziehungszielen verknüpfen?
- Welche Auswirkungen hätten die Veränderungen auf das Kollegium?
- Welche Auswirkungen hätten die Auswirkungen auf die Schülerinnen und Schüler?
- Wie müsste der Veränderungsprozess gestaltet werden? Stehen dafür ausreichend Ressourcen zur Verfügung?
- Werden durch den Prozess andere Vorhaben gefährdet?
- Wer steuert diesen Prozess?
- Welchen sichtbaren und spürbaren Nutzen hätte eine Veränderung für die Arbeit, die einzelnen Lehrerinnen, den einzelnen Lehrer und das gesamte Kollegium?
- Welche konkreten Ziele werden verfolgt?

Die vorletzte und letzte Frage sind aus unserer Sicht die Schlüsselfragen. Werden sie nicht überzeugend beantwortet, wird sich auf Dauer kaum Erfolg einstellen. Veränderungsprozesse und Veränderungen werden nur dann akzeptiert, wenn die Lehrkräfte von einer Sache überzeugt sind und die Schulleiterin bzw. der Schulleiter durch zielführendes Handeln nicht nur begleitet, sondern aktiv unterstützt. Das klingt zunächst einmal banal; aber jeder, der schon Jahrzehnte in der Schule arbeitet, weiß ein Lied davon zu singen, wie viele Veränderungen, deren Inhalte nach kurzer Zeit oftmals wieder verschwanden, vor allem seitens der Bildungspolitik gefordert wurden.

Veränderungsprozesse brauchen Zeit und führen nur dann zum Ziel, wenn möglichst alle Lehrkräfte „mitgenommen" werden. Resistenz gibt es allerdings überall. Prozesse können nicht zum Ziel führen, wenn nicht alle berechtigten Fragen gestellt, Probleme angesprochen sowie die Beteiligten von den Ergebnissen überzeugt worden sind. Schulleiterinnen und Schulleiter sollten diesem stets nachspüren. Die Erfahrung zeigt, dass dies auch gut mit dem Personalrat gelingen kann. Spätestens bei der Beschlussfassung auf der Gesamtkonferenz zeigt sich, inwieweit das Kollegium überzeugt ist. Und, dies sei hier deutlich gesagt, bei einem knappen Abstimmungsergebnis in einer Konferenz für eine Schulentwicklungsmaßnahme ist das Vorhaben bereits im Ansatz gescheitert. Es wird sich dauerhaft eine Gruppe Widerständler etablieren, die das Kollegium spaltet und Schulentwicklung unmöglich macht.

Schulleiterinnen und Schulleiter als „Makler" oder: Kann man zwei Pferde gleichzeitig reiten?

Das Handeln der Schulleiterin bzw. des Schulleiters wird nur dann auf Akzeptanz im Kollegium stoßen, wenn für jeden nachvollziehbar ist, aufgrund welcher Überlegungen ein Thema neu „gesetzt" wird und warum dafür andere Themen zurückgestellt werden müssen. Für Schulleiterinnen bzw. Schulleiter ist es äußerst schwierig, eine solche Lage gemeinsam mit dem Kollegium auszubalancieren. Einerseits sollen intern verabredete Schulentwicklungsprozesse vorangetrieben werden, andererseits die bildungspolitischen Vorgaben umgesetzt werden – und das sind in der Regel nicht wenige. Da ist seitens des Kollegiums Widerstand vorprogrammiert, zumal in allen Bundesländern der integrative Unterricht, um es vorsichtig zu formulieren, nur unzureichend vorbereitet wurde. Die Herausforderung war und ist gewaltig und verbunden mit substantiellen Auswirkungen auf den Unterricht und die gesamte Organisation der Schule.

Solche Situationen treten verstärkt dann auf, wenn veranlasst durch die vorgesetzte Behörde bzw. das Ministerium bildungspolitische Vorgaben ins schulische System implementiert werden müssen, die massive strukturelle Eingriffe in ein System bedeuten. Die Abbildung 7 illustriert einen solchen Vorgang an einer Grundschule. Für den Zeitraum von zwei Schuljahren hatte sich das Kollegium über zwei Schulentwicklungsthemen verständigt: die Integration von Schülerinnen und Schülern unterschiedlicher Herkunft sowie die Ausrichtung des Unterrichts auf verbindliche Testverfahren und Leistungsüberprüfungen. Dazu wurde beschlossen, die bisherige Unterrichtsorganisation zu verändern. Es ging erstens um die Entwicklung eines Lernzeitmodells zur individuellen Förderung und zweitens um jahrgangsübergreifende Unterrichtsangebote zum Aufbau sozialer Kompetenzen. Mitten in diese Neustrukturierung „platzte" das Thema Inklusion. Durch verpflichtende Einführung inklusiven Unterrichts und die damit verbundene Neuorganisation des Unterrichts sah sich das Kollegium außerstande, an den konzipierten Unterrichtsentwicklungsprojekten wie bisher weiterzuarbeiten, da die personellen Kapazitäten nicht ausreichten. Das Kollegium sah die eigenen vielversprechenden Initiativen und Vorhaben massiv gestört.

Abb. 7: Entwicklungsprozesse ausbalancieren

Jeder hält möglichst lange an dem fest, was er selbst erarbeitet und was sich nach und nach in der Praxis bewährt hat. Es kann also in der oben beschriebenen Situation nicht einfach darum gehen, etwas Bewährtes durch etwas Neues zu ersetzen. So schlicht funktionieren komplexe Systeme nicht. In einer solchen Situation gilt es seitens der Schulleiterin bzw. des Schulleiters, diese Diskussionen mit dem Blick auf das eigene System zu versachlichen.

Dazu bietet sich eine SWOT-Analyse an. Mit ihr lassen sich vier zentrale Aspekte ausleuchten.

- Strengths – Stärken
- Weakness – Schwächen
- Opportunities – Chancen
- Threats – Bedrohungen

Im konkreten Fall sah das Ergebnis der Analyse wie folgt aus.

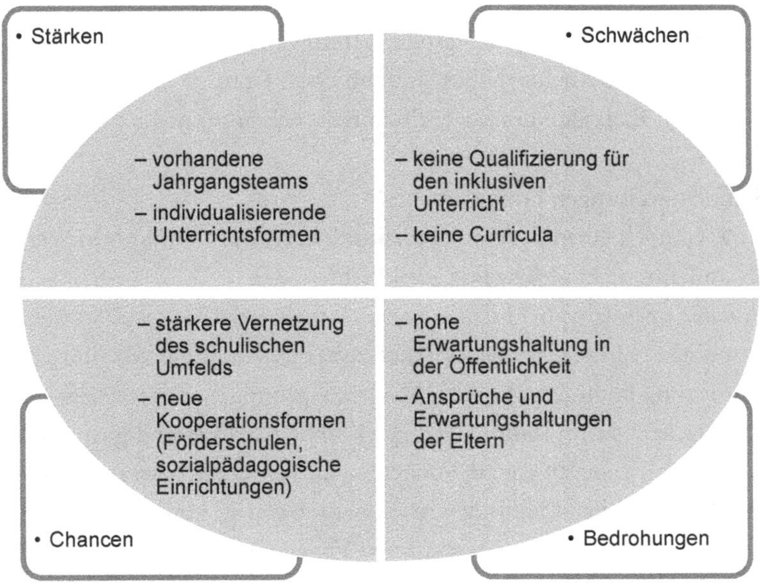

Abb. 8: SWOT-Analyse

Sie ist also ein Instrument, sich in einer konkreten Herausforderung der eigenen Position zu versichern und somit weitere Schritte auf dem Weg zu einer lernenden Organisation zu gehen. Durch die Priorisierung des Themas Inklusion und der Analyse der Ausgangssituation musste ein Entwicklungsthema zurückgestellt werden. Auf das Vorhaben „Entwicklung jahrgangsübergreifender Unterrichtsangebote" wurde verzichtet.

Peter M. Senge hat in seinem Buch „Die fünfte Disziplin. Kunst und Praxis der lernenden Organisation" (1996) die folgenden Leitsätze entwickelt, die deutlich machen, welche Phänomene und Erkenntnisse auf dem Weg zu einer lernenden Organisation eine Rolle spielen.

- „Die Probleme heute beruhen auf den Lösungen von gestern.
- Je stärker du drückst, desto stärker schlägt das System zurück.
- Das Systemverhalten wird besser, bevor es schlechter wird.
- Der leichte Ausweg führt gewöhnlich zurück ins Problem.
- Die Therapie kann schlimmer sein als die Krankheit.
- Kleine Änderungen können große Wirkungen erzielen.
- Man kann den Kuchen haben und ihn essen – nur nicht gleichzeitig.
- Wer einen Elefanten in zwei Hälften teilt, bekommt nicht zwei kleine Elefanten.
- Schuldzuweisungen bringen nichts."

Wir haben noch einen auf die Schulleitung bezogenen Punkt hinzugefügt:

- „Man kann nicht gleichzeitig zwei Pferde reiten."

Schulleiterinnen bzw. Schulleiter sitzen oftmals zwischen zwei Stühlen oder, um im Bild zu bleiben, stehen zwischen zwei Pferden. Einerseits sind sie an die Durchsetzung bildungspolitischer Vorgaben gebunden, andererseits gestalten und entwickeln sie im Rahmen der gewünschten Selbstständigkeit von Schulen mit ihren Kollegien eigene Vorstellungen von Qualitätsentwicklung. Aus diesem Dilemma herauszufinden ist immer schwierig, zumal wenn Schulleiterinnen bzw. Schulleiter von bestimmten Vorgaben nicht überzeugt sind oder aufgrund mangelnder Diskussionen und Vorbereitungen das Scheitern vorhersehen. Damit wird ein wichtiges Thema schon im Vorfeld diskreditiert. Eine Schulleiterin bzw. ein Schulleiter bewegt sich bei jeweils unterschiedlichen Spielregeln permanent im Spannungsfeld zwischen Hierarchie und Team.

Die Neomanie der Bildungsbürokratie stört auch durch den eigenen Aktionismus nachhaltige Schulentwicklungsprozesse der Einzelschule. Immer neue Aufgaben werden ohne eine ausreichende Unterstützung eingefordert. Ein Prozess, der das Gegenteil von Selbstständigkeit und Eigenständigkeit befördert. Wenn die selbstverantwortliche Steuerung einer Schule Sinn ergeben soll, dann darf dies nicht nur unter der Prämisse, Ressourcen einzusparen, geschehen. Eine Schulleiterin bzw. ein Schulleiter muss gemeinsam mit ihrem/seinem Kollegium in die Lage versetzt werden, Schulentwicklungsprozesse auch mittelfristig mit den eingeplanten, vor allem personellen Ressourcen gestalten zu können. Wenn dies nicht gelingt, werden selbst durchaus vernünftige Veränderungen an den Schulen „ausgebremst" werden. Dazu ein weiteres Beispiel.

Mit einem riesigen Aufwand wurde landauf, landab vor etwa 15 Jahren die sogenannte „Schulinspektion" ins Leben gerufen. Innerhalb von zehn Jahren wurden von Bundesland zu Bundesland unterschiedlich bis zu zwei Inspektionen an jeder Schule durchgeführt. Eigens für diese Unterfangen wurden ganze Institute aufgebaut. Durchgeführt wurden die Inspektionen auf Grundlage eines Referenzrahmens „Schulqualität". Durchweg mit wenig Veränderungen wurden den Schulen eine gute unterrichtliche Arbeit attestiert. Schaut man allerdings auf die Bereiche Schulprogrammarbeit und Qualitätssicherung, sieht man trotz massiver Maßnahmen kaum Veränderungen. Im Gegenteil, wie eine Untersuchung in Hessen belegt, kann festgehalten werden, dass Schulprogrammarbeit und interne Qualitätssicherung und -entwicklung wenig Resonanz und Akzeptanz an den Schulen finden.

„Ergebnisse der Ausgangsanalyse zum Aufbau des schulischen Qualitätsmanagements an selbstständigen Schulen (SES) in Hessen", herausgegeben von der Hessischen Lehrkräfteakademie, aus dem Jahr 2015 belegen die eher dürftige Schulprogrammarbeit. In dem Bericht heißt es auf Seite 7: „Eine Ausrichtung der Unterrichts- und Schulentwicklung (z. B. im Rahmen der Schulprogrammarbeit) an konkreten (Leit-)Zielen bzw. einem schulischen Leitbild ist in den evaluierten Schulen nur selten zu erkennen. Gleiches gilt für die Festlegung verbindlicher Maßnahmen und Zuständigkeiten für die Aufgaben der Qualitätssicherung und -entwicklung. Trotz dieser relativ ungeklärten Basis wird in den Schulgemeinden durchaus wahrgenommen, dass Maßnahmen zur Qualitätsverbesserung ergriffen werden (u. a. Verbesserung der Ausstattung, AG-Angebot, Förderangebote). Aufgrund der fehlenden Festlegungen zum Qualitätsmanagement (z. B. im Rahmen eines Qualitätskonzepts – siehe oben) sind den Lehrkräften die Maßnahmen, die schulspezifisch zur Qualitätssicherung genutzt werden sollen, kaum transparent und können dementsprechend nur mit Einschränkungen Akzeptanz finden."

Vor allem aus dem letzten Satz lässt sich leicht schließen, für die nötige Festlegung und die damit verbundene Transparenz zum Qualitätsmanagement habe die Schulleitung zu sorgen. Dies mag grundsätzlich richtig sein. Schaut man auf die reale Situation in vielen Schulen, so wird man feststellen, wie eingeschränkt deren Möglichkeiten zur Qualitätsentwicklung sind. Dies liegt nicht grundsätzlich an mangelnden Qualifikationen und Fähigkeiten. Vielmehr sind die vielfältigen Aufgaben vor allem in mittleren und kleineren Systemen kaum noch zu bewältigen. Zunehmende Verwaltungsaufgaben, nach wie vor hohe Unterrichtsverpflichtung und der pädagogische Alltag mit all seinen Herausforderungen bremsen Schulentwicklung teilweise aus oder gehen zu Lasten weniger. Im September 2017 war zu lesen, welchen Weg einige niedersächsische Schulleiterinnen und Schulleiter gehen.

„An einem typischen Montag ist Frank Post um 7:30 Uhr in der Schule. Vor 17 Uhr wird der Leiter der Grundschule Fuhsestraße in Hannover nicht nach Hause gehen. ‚Und dann habe ich noch keinen Unterricht vorbereitet', sagt er. Das muss der 61-Jährige entweder am Sonntag machen, oder er setzt sich abends noch einmal an den Schreibtisch.

40 Stunden soll Post pro Woche arbeiten, so sieht es die niedersächsische Arbeitszeitverordnung vor. 53 Stunden arbeitet er durchschnittlich pro Woche – trotz Ferien. Das haben Forscher der Uni Göttingen im Rahmen einer Studie herausgefunden, an der Post und andere Lehrkräfte teilgenommen haben. Einige arbeiten demnach sogar bis zu 70 Stunden wöchentlich.

Deswegen wollen Post und weitere Kollegen nun das Land Niedersachsen, ihren Dienstherrn, verklagen." (http://www.spiegel.de/karriere/niedersachsen-lehrer-klagen-wegen-zu-viel-arbeit-a-1168978.html) 17.8.2017)

Teil II – Praxis

Schulrecht – lästig, aber immer wichtig

Wie jede gesellschaftliche Institution braucht auch die Schule Rechtsnormen. Wir können an dieser Stelle nicht im Detail das Schulrecht darstellen. Dafür gibt es Fachleute (siehe Literaturhinweise). Die gesetzlichen Regelungen der einzelnen Bundesländer sind grundsätzlich vergleichbar. Wir beziehen uns in unseren Ausführungen ausschließlich auf die hessische Gesetzgebung.

Schulen haben einen Erziehungs- und Bildungsauftrag, der sich aus der Verfassung ableitet. Gelegentlich vertreten Lehrkräfte die Auffassung, Schule habe mit Erziehung eigentlich nichts zu tun, dies sei schließlich Aufgabe der Eltern. Ein Blick in das hessische Schulgesetz macht jedoch deutlich, wie wichtig der Erziehungsauftrag zu nehmen ist. Ausschnittsweise seien hier § 2, Absatz 2 und 3, zitiert.

- „Die Schulen sollen die Schülerinnen und Schüler befähigen, staatsbürgerliche Verantwortung zu übernehmen und sowohl durch individuelles Handeln als auch durch die Wahrnehmung gemeinsamer Interessen mit anderen zur demokratischen Gestaltung des Staates und einer gerechten und freien Gesellschaft beizutragen."
- „Die Schule soll den Schülerinnen und Schülern die dem Bildungs- und Erziehungsauftrag entsprechenden Kenntnisse, Fähigkeiten und Werthaltungen vermitteln. Die Schülerinnen und Schüler sollen insbesondere lernen, sowohl den Willen, für sich und andere zu lernen und Leistungen zu erbringen, als auch die Fähigkeit zur Zusammenarbeit und zum sozialen Handeln zu entwickeln, (…) eine gleichberechtigte Beziehung zwischen den Geschlechtern zu entwickeln, (…) sich Informationen zu verschaffen, sich ihrer kritisch zu bedienen, um sich eine eigenständige Meinung zu bilden und sich mit den Auffassungen Anderer unvoreingenommen auseinandersetzen zu können." (§ 2, Abs. 2 und 3, HSchG)

Vielfach ist dieser Auftrag sinnvollerweise noch im Leitbild der Schule konkreter gefasst.

Die folgende Tabelle listet Gesetze, Verordnungen und Erlasse auf, die von allgemeiner Bedeutung sind und eine spezielle Relevanz für Lehrkräfte sowie für Schülerinnen und Schüler haben.

allgemeine Rechtsvorschriften (bilden die Grundlage für eine einheitliche Rechtsanwendung in der Schule)	Relevante Rechtsvorschriften für Lehrkräfte	Relevante Rechtsvorschriften für die Gremien, Eltern und Schüler
Schulgesetz	**Beamtengesetz**	Verordnung über die **Schülervertretungen**
Dienstordnung für Lehrkräfte, Schulleiterinnen und Schulleiter und sozialpädagogische Mitarbeiterinnen und Mitarbeiter	**Gleichberechtigungsgesetz**	**Schülerarbeiten**, Erlass
Verordnung über die **Verarbeitung personenbezogener Daten** in Schulen und **statistische Erhebungen**	Verordnung über die Aufsicht über Schülerinnen und Schüler **(Aufsichtsverordnung)**	**Religionsunterricht**, Erlass
Erlass zur Durchführung von **pädagogischen Tagen**	Verordnung über die Pflichtstunden der Lehrkräfte **(Pflichtstundenverordnung)**	Verordnung für die Wahl zu den **Elternvertretungen**
Erlass zu anderen **Unterrichtsformen** und **Unterrichtsausfall bei großer Hitze**	Verordnung über besondere Formen der **Teilzeitbeschäftigung** und **flexibler Arbeitszeit** für beamtete Lehrkräfte an öffentlichen Schulen	Verordnung zur **Gestaltung des Schulverhältnisses**
Wandererlass	**Personalvertretungsgesetz**	Verordnung über die Festlegung der Anzahl und **Größe der Klassen, Gruppen und Kurse** in allen Schulformen
Verordnung über die **Kerncurricula** (Bildungsstandards und Inhaltsfelder) für die Primarstufe und die Sekundarstufe	**Konferenzordnung**	**Versetzungsordnung** und **Kriterien und Verfahren der Leistungsfeststellung und Leistungsbewertung**
...	...	...

Nicht jede Schulleiterin bzw. jeder Schulleiter ist sattelfest in allen Fragen des Schulrechts; muss sie/er auch nicht sein. In Zweifelsfällen helfen die Juristen an den Staatlichen Schulämtern, denn sie sind es schließlich, die die Fehler im Nachhinein ausbügeln müssten, die eine Schulleiterin bzw. ein Schulleiter im Vorfeld „verbockt“ hat.

Allerdings gibt es einige Gesetze, Verordnungen und Erlasse, die eine Schulleiterin bzw. ein Schulleiter sicher handhaben muss. Dazu gehören …

- das Schulgesetz des jeweiligen Bundeslandes,
- die Verordnung über Ordnungsmaßnahmen,
- die Versetzungsordnung,
- die Verordnung zur Leistungsbewertung,
- die Konferenzordnung,
- das Personalvertretungsgesetz,
- die Beteiligungs- und Mitbestimmungsrechte von Gremien wie dem Schulelternbeirat, der Schulkonferenz und der Schülervertretung,
- der Aufsichts- und Wandererlass.

Schulleiterinnen und Schulleiter als Dienstvorgesetzte

In den vergangenen Jahren wurde die Stellung der Schulleiterin bzw. des Schulleiters gestärkt. Neben ihren bzw. seinen Aufgaben, die Schule in der Öffentlichkeit zu vertreten, auf die Einhaltung von Vorschriften zu achten und den Lehrkräften sachbezogene Anweisungen zu geben, kamen u.a. folgende Aufgaben hinzu:

- Verpflichtung zu Unterrichtsbesuchen bei den Lehrkräften
- Führung von Jahresgesprächen
- Ausübung des Haushaltsrechts (Budgetierung der Schule)
- Durchführung schulbezogener Stellenausschreibungen
- Durchführung der schriftlichen Missbilligung bei einem Fehlverhalten einer Lehrkraft

Vor der Maßnahme einer schriftlichen Missbilligung ist es äußerst wichtig, sehr sorgfältig vorzugehen und auf jeden Fall die Schulaufsicht einzubinden, damit diese Missbilligung auch einer juristischen Überprüfung standhält. Dabei sind alle relevanten Vorfälle exakt zu dokumentieren. Ebenfalls zu protokollieren sind alle mit der Lehrkraft geführten Gespräche, die eine Verhaltensveränderung herbeiführen sollten. Persönliche Wertungen und Verallgemeinerungen („Der Kollege ist ohnehin immer unpünktlich und hält sich nie an Anweisungen.“) haben in einer Missbilligung nichts zu suchen. Es geht immer um den konkreten Anlass und nicht um eine allgemeine Feststellung.

Konferenzen

Im Wesentlichen gibt es vier Konferenzarten:

- Schulkonferenz (Eltern, Schülerinnen und Schüler, Lehrkräfte sowie Schulleiterinnen und Schulleiter beraten und beschließen über die im Schulgesetz festgelegten Inhalte; sie entscheidet z. B. über die Grundsätze für Hausaufgaben und Klassenarbeiten und den schuleigenen Haushalt)
- Teilkonferenzen (z. B. Klassenkonferenzen, Fachkonferenzen)
- Konferenzen der Lehrkräfte (Konferenzen der Lehrkräfte dienen der kollegialen Zusammenarbeit und des pädagogischen Zusammenwirkens. Ohne Zustimmung der Betroffenen können allerdings keine Personalfragen erörtert werden)
- Gesamtkonferenz

Die Gesamtkonferenz – das zentrale Mitbestimmungsorgan

In der Konferenzordnung ist im Detail festgehalten, über welche wesentlichen Inhalte beraten und beschlossen wird.

Dazu gehören in der Regel …

- die Festlegung der Grundsätze für die einheitliche Leistungsbewertung;
- die Erarbeitung eines Vorschlags für das Schulprogramm;
- die Erarbeitung eines Vorschlags über die Verwendung des Schulbudgets;
- die Entscheidung über Grundsätze der Bildungs- und Erziehungsarbeit sowie der schulinternen Curricula.

Es ist Aufgabe der Schulleitung, der Gesamtkonferenz einen Rahmen zu bieten, um wohldurchdachte Beschlüsse nach eingehendem Austausch und intensiven, durchaus auch kontroversen Diskussionen fassen zu können. Falls dies nicht geschieht, gibt es Unmut und gefasste Beschlüsse können in Vergessenheit geraten.

Die Schulleitung ist an die Beschlüsse der Gesamtkonferenz gebunden, es sei denn, diese verstießen gegen rechtliche und pädagogische Grundsätze.

Personalräte als Mitstreiter – warum eigentlich nicht?

Es gibt durchaus Schulleiterinnen und Schulleiter, die die Meinung vertreten, Personalräte seien ihre natürlichen Feinde. Diese „Rottweiler-Mentalität" ist bei sehr autoritären Persönlichkeiten beheimatet. So eine Einstellung kann man haben, sie hat aber in einer demokratischen Institution wie der Schule keinen Platz. Wer eine solche Auffassung allerdings durch eigenes Handeln noch untermauert, wird auf Dauer Kleinkriege führen müssen, das Kollegium gegen sich aufbringen, Schulentwicklung verhindern und Widerstände auf vielen Ebenen befördern. Kurz gesagt: Eine solche Leitung wird über kurz oder lang schlichtweg scheitern. Im Folgenden einige Hinweise zum Thema Personalrat.

- Personalräte kennen, wenn sie gut sind, ihre gesetzlich verbrieften Rechte. Gerade in kniffligen Auseinandersetzungen (und diese gibt es hin und wieder) ist für die Leitung der sichere Umgang mit dem Personalvertretungsgesetz bestimmt von Vorteil.
- Einmal im Monat sollten sich Personalrat, Schulleitung und gegebenenfalls das Leitungsteam zusammensetzen. Dazu sollte gemeinsam eine Tagesordnung vereinbart werden. Unter dem Tagesordnungspunkt eins sollte die Leitung jeweils über wesentliche Vorgänge, die das Personal betreffen, informieren. Der Personalrat wird gegebenenfalls Informationen zu Themen einfordern, die ihm wichtig sind. Über die Sitzung erstellt der Personalrat ein Protokoll, das von den Anwesenden unterschrieben wird.
- Personalrat und Schulleitung sind grundsätzlich zur vertrauensvollen Zusammenarbeit im Interesse der Schule verpflichtet. Beide Parteien sollten Probleme und Konflikte nicht verschleiern, sondern mit aller gebotenen Klarheit ansprechen. Es ist wichtig, dass die Beteiligten ihre Positionen und Sichtweisen in der Sache kennen, damit auf dieser Grundlage möglichst tragfähige Kompromisse ausgehandelt werden können. Die Beachtung der Mitbestimmungsrechte des Personalrats ist dabei gängige Praxis.
- Schulleiterinnen und Schulleiter zeigen sich umsichtig, wenn sie nicht nur über die Themen informieren, zu denen sie laut Personalvertretungsgesetz

verpflichtet sind, sondern darüber hinaus in einem offenen Dialog und vertrauten Klima auch Themen ansprechen, die aus Sicht aller Beteiligten relevant sind. Eine solche Vorgehensweise schafft auf Dauer Vertrauen und gegenseitige Verlässlichkeit in den Absprachen.

- Der Schulpersonalrat hat die Aufgabe, zwischen Kollegium und Schulleitung im Konfliktfall zu vermitteln. Dies wird nicht immer gelingen. Er kann aber im Konfliktfall mit einer Lehrkraft die Schärfe herausnehmen.
- Ratsam ist es, den Personalrat in die Vorbereitung des neuen Schuljahres einzubinden. Dazu gehören folgende Punkte, die zum Teil auch der Mitbestimmung unterliegen:
  - Anstehende Personalmaßnahmen besprechen (z. B. Versetzungsanträge, Einstellungen hinsichtlich des Fachbedarfs).
  - Die Unterrichtsversorgung offenlegen (Zuweisung der Gesamtstundenzahl).
  - Die Kriterien festlegen, nach denen vorgegangen wird, wenn aufgrund einer „Überversorgung" der Schule Stellen abgebaut werden müssen.
  - Die Stundenplanerstellung transparent gestalten und darstellen, ob und inwieweit Wünsche der Kolleginnen und Kollegen bei der Stundenplangestaltung berücksichtigt werden konnten, oder Gründe benennen, falls dies nicht geschehen konnte.

Pädagogische Freiheit

Professoren profitieren grundsätzlich von der im Grundgesetz ausgewiesenen Freiheit von Forschung und Lehre. Da denkt so manche Lehrkraft, dies träfe auch auf die eigene Profession zu. So einfach ist das allerdings nicht. Zum Beispiel heißt es für Lehrkräfte in Hessen: „Die für die Unterrichts- und Erziehungsarbeit der Lehrerin oder des Lehrers erforderliche pädagogische Freiheit darf durch Rechts- und Verwaltungsvorschriften und Konferenzbeschlüsse nicht unnötig oder unzumutbar eingeengt werden." (§ 86 des Hessischen Schulgesetzes)

Die „pädagogische Freiheit" ist kein durchsetzbares subjektives Recht der Lehrkraft. Die beiden Begriffe „unnötig" und „unzumutbar" geben selbst dem juristischen Laien den Hinweis, dass der Gesetzgeber durchaus Einschränkungen vorsieht, die sich an verschiedenen Stellen bemerkbar machen. Was ist nun aber „nötig" und „zumutbar"? Dazu einige Hinweise.

- Es gibt Rechts- und Verwaltungsvorschriften, und davon nicht wenige, die man als Schulleiterin bzw. Schulleiter und Lehrkraft kennen muss. Sie schreiben bindend vor, was z. B. Inhalt des Unterrichts sein muss und wie Schülerleistungen zu bewerten sind.
- Schulaufsicht sowie Schulleiterinnen und Schulleiter können Anordnungen geben, falls gegen Rechts- und Verwaltungsvorschriften verstoßen wird.
- Auch verbindliche Konferenzbeschlüsse können die sogenannte „pädagogische Freiheit" einschränken; dazu gehört die Festlegung auf die Anzahl der zu schreibenden Klassenarbeiten und die damit verbundenen Maßstäbe der Notengebung.

Juristische „unbeschränkte pädagogische Freiheit" gibt es im eigentlichen Sinne also nicht. Was nicht bedeutet, dass Lehrkräfte zur Ausgestaltung ihres Unterrichts keine ausreichenden Spielräume hätten. Das Verhältnis zwischen Lehrkraft und Schülerinnen und Schüler ist zu komplex, um es vollends gesetzlich zu regeln. In Kenntnis der Lerngruppe wird die einzelne Lehrkraft über die Zusammensetzung von Arbeitsgruppen befinden, angemessene Unterrichtsmethoden einsetzen und eine Auswahl der Unterrichtsmaterialien treffen. Darüber hinaus wird sie taugliche Methoden anwenden, um gegebenenfalls bei Streitereien und Konflikten vermittelnd zu schlichten. Diese Beispiele zeigen, dass der Ermessens- und Entscheidungsspielraum somit durchgängig gegeben ist.

Eltern drohen mit dem Rechtsanwalt – na und?

Zunehmend glauben Eltern, der Schule oder einer Lehrkraft drohen zu können. Sollen sie doch. Dies ist zwar häufig für die Betreffenden mit Aufwand und damit zusätzlicher Arbeit verbunden. Allerdings darf das kein Grund sein, sich einschüchtern zu lassen. Wenn in Rechtsstreitigkeiten Rechtsanwälte eingeschaltet werden, trägt das in der Regel zur Versachlichung bei. Von daher kann die betroffene Lehrkraft oder die Schulleitung gelassen in eine solche Auseinandersetzung gehen. Vorausgesetzt, die eigenen „Hausaufgaben" sind gemacht. Grundsätzlich haben die Eltern das Recht, über wichtige Entwicklungen ihres Kindes informiert zu werden. Da hilft auch nicht die Einstellung, dass schließlich vor allem die Eltern für die Erziehung ihrer Kinder zuständig seien. Eltern müssen auf jeden Fall über einen deutlichen Leistungsabfall, schwerwiegende Verstöße gegen die Schulordnung oder gravierende Verhaltensveränderungen informiert werden. Die Schule hat hier eindeutig eine Bringschuld. Es bringt also gar nichts, die Eltern mit einer Fünf im Sozialverhalten zu „überraschen“, wenn nicht vorher seitens der Schule eindeutig vor einer Fehlentwicklung gewarnt und entsprechende pädagogische Maßnahmen ergriffen wurden.

Häufig geht es bei dieser Art Auseinandersetzungen mit Rechtsanwälten um Noten oder Versetzungsentscheidungen. Deswegen ist es wichtig, das Kollegium auf die einschlägigen Verordnungen und Erlasse hinzuweisen und deren unbedingte Einhaltung einzufordern. Das Zustandekommen der Beurteilung von einzelnen Schülerleistungen muss im Nachhinein auch für Außenstehende (z. B. ein Verwaltungsgericht) nachvollziehbar und ausreichend aufgezeichnet sein. Gesetze, Verordnungen und Erlasse sind eben nicht als eher unverbindliche Vorschläge anzusehen.

Pädagogische Maßnahmen und Ordnungsmaßnahmen

Die Schule ist gehalten, Verstöße gegen die bestehenden Regeln in angemessener Weise zu behandeln. Das klingt plausibel. Die Praxis zeigt allerdings, dass die Lehrkräfte teilweise in ihren Einschätzungen, ob nun ein Fehlverhalten vorliegt oder nicht, auseinanderliegen.

Falls Sanktionierungen erforderlich sind, dann ist grundsätzlich zu beachten, dass ...

- alle Schülerinnen und Schüler, die gegen bestehende Regeln verstoßen, gleichbehandelt werden;
- die Maßnahmen sinnvoll und geeignet sind;
- das Gesamtverhalten und das Alter beachtet wird;
- die Maßnahme zeitnah erfolgt;
- die Maßnahme geeignet ist, die Einsicht in das Fehlverhalten zu ermöglichen;
- die Maßnahme verhältnismäßig ist.

Pädagogische Maßnahmen sollten nur dann schriftlich festgehalten werden, wenn sie sich innerhalb kurzer Zeit häufen. Dies ist vor allem dann geboten, wenn abzusehen ist, dass pädagogische Maßnahmen nicht mehr ausreichen und Ordnungsmaßnahmen anstehen.

Zu den pädagogischen Maßnahmen gehört insbesondere das Gespräch mit der Schülerin oder dem Schüler, um eine Verhaltensänderung herbeizuführen. Weiter kann eine Ermahnung ausgesprochen oder eine Missbilligung schriftlich ausgesprochen werden. Sinnvoll sind auch Aufgaben, die geeignet sind, das eigene Fehlverhalten zu erkennen. Das kann z. B. die Reinigung einer Toilettenwand sein, wenn die Schülerin oder der Schüler diese beschmiert hat.

Gegenüber der pädagogischen Maßnahme stellt die Ordnungsmaßnahme einen „Verwaltungsakt" dar, wie die Juristen sagen. Spätestens jetzt wird es ernst. Alle Vorgänge und Maßnahmen müssen präzise in der Schülerakte hinterlegt werden. Bei den je nach Bundesland unterschiedlichen Verfahren des Aussprechens einer Ordnungsmaßnahme sind auf die Verfahrensschritte und die damit verbundenen Anhörungen und Beteiligungen strikt zu achten. Die Aktenführung sollte so angelegt sein, dass sie widerspruchsfest und damit justiziabel ist.

Für Ordnungsmaßnahmen gilt grundsätzlich:

- Sie dienen der Erfüllung des Erziehungsauftrags der Schule. Schülerinnen und Schüler sollen dabei erfahren, dass unter Wahrung der Rechte aller Beteiligten ein entsprechend der Verordnung rechtmäßiges Verfahren durchgeführt wird, es sich also im Ergebnis nicht um ein willkürliches „Urteil" handelt.
- Voraussetzung für die Lösung von Konflikten ist die gründliche Analyse dessen, was passiert ist und wer von den Beteiligten welchen Anteil am Konflikt hat. Dies befördert im besten Fall das Unrechtsbewusstsein aller Parteien. In schwierigen Fällen ist es ratsam (vorausgesetzt, die Beteiligten stimmen zu), das häusliche und außerschulische Umfeld zu betrachten. Eine Einbeziehung der Eltern ist unter allen Umständen zu empfehlen, ebenso wie das Hinzuziehen des schulpsychologischen Dienstes.

- In einigen Bundesländern ist bei Bereitschaft der Beteiligten ein Mediationsverfahren vorgesehen; bei entsprechendem Ergebnis kann unter Umständen auf ein Verfahren zur Durchführung einer Ordnungsmaßnahme verzichtet werden.
- Wie auch bei pädagogischen Maßnahmen gilt auch bei Ordnungsmaßnahmen der Grundsatz der Verhältnismäßigkeit. Nicht umsonst gibt es abgestufte Maßnahmen, abhängig von der Schwere des Vorfalls.
- Bei Verdacht einer strafbaren Handlung ist unbedingt die Schulaufsicht zu informieren und, bei offensichtlichen Vergehen (eine Schülerin oder ein Schüler wurde z. B. beim Verkauf von Drogen erwischt), die Polizei einzuschalten.

Absentismus – Fehlzeiten

Fehlzeiten von Schülerinnen und Schülern sind grundsätzlich festzuhalten. Deswegen ist es unerlässlich, dass alle Lehrkräfte dieser Pflicht nachkommen, damit die Klassenlehrerin bzw. der -lehrer einen Überblick über das Fernbleiben seiner Schülerinnen und Schüler hat. Dokumentiert werden die Fehlzeiten im Klassenbuch (Tage, Stunden, Verspätungen). Aus den Einträgen sollte deutlich werden, ob die Fehlzeiten entschuldigt wurden. Wobei erfahrene Lehrkräfte sehr wohl erkennen, wie ernst eine schriftliche Entschuldigung zu nehmen ist.

Wurde ein unentschuldigtes Fernbleiben vom Unterricht identifiziert, ist mit der Schülerin oder dem Schüler vertraulich zu sprechen. In diesem Gespräch sollte einerseits die Ursachenforschung im Mittelpunkt stehen, andererseits sollte auch deutlich gemacht werden, dass die Schule dieses Fehlverhalten nicht hinnehmen wird.

Hilfreich in einer solchen Situation ist es, wenn die Schule …

- über ein entsprechendes Unterstützungs- und Förderkonzept verfügt;
- über ein Netzwerk von „Unterstützern“ für die Lehrkräfte verfügt (Schulsozialarbeiter, Beratungslehrkräfte, Schulpsychologen);
- auf außerschulische Ansprechpartner zurückgreifen kann (Polizei, schulärztlicher Dienst, Jugendamt u. Ä.).

Wichtig ist, dass alle Schritte und Maßnahmen schriftlich festgehalten werden.

Es ist Aufgabe der Schulleiterin bzw. des Schulleiters, die Bemühungen der Lehrkraft zu unterstützen (z. B. Gespräche zu führen mit den Betreffenden und den Erziehungsberechtigten). In manchen Fällen hilft auch eine Vereinbarung, die deutlich macht, wie der versäumte Unterrichtsstoff nachzuholen ist und wie eine mögliche Unterstützung der Schule aussehen könnte. Unmissverständlich sind die Eltern auf ihre Pflicht, dafür zu sorgen, dass ihr Kind der Schulpflicht nachkommt, hinzuweisen.

Vielfach scheitern aber auch die vorgenommenen Maßnahmen. Dann wird auf Antrag der Schule durch die Schulaufsicht ein Bußgeldverfahren eingeleitet.

Leistungen der Schülerinnen und Schüler

Leistungen der Schülerinnen und Schüler sind zu beurteilen. Und dies ist nicht einfach. Alle Lehrkräfte wissen um die Schwierigkeit, insbesondere mündliche Leistungen zu beurteilen. Um dieser Anforderung gerecht zu werden, bedarf es ausreichender Erfahrung. Die Gewichtung der einzelnen Kriterien ist die zentrale Herausforderung. Die Kriterien sind je nach Schulstufe unterschiedlich (z. B.: Verständnis von Sachverhalten und deren Einordnung in einen Gesamtzusammenhang, Problemerkennung, Kenntnis und Verständnis des Unterrichtsthemas).

Wie Leistungen zu erbringen und zu beurteilen sind, weisen Erlasse und darüber hinaus notwendige Verabredungen der einzelnen Schule aus, um z. B. die Häufung von Leistungsüberprüfungen vor den Zeugnissen zu vermeiden. Die Note im Zeugnis setzt sich bekanntlich aus den schriftlichen und mündlichen Leistungen zusammen. Die Noten sind der Schülerin bzw. dem Schüler gegenüber zu begründen. Dies mag bei den „schriftlichen" Noten noch relativ einfach erscheinen; man hat ja schließlich etwas in der Hand. Bei den mündlichen Noten ist dies schon etwas schwieriger. Keinesfalls kann man von einer Lehrkraft verlangen, sich noch während des Unterrichts über die mündliche Mitarbeit einzelner Schüler Notizen zu machen; dies kann gut am gleichen Tag nach dem Unterricht im Lehrerzimmer oder auch zu Hause erfolgen. Wichtig dabei ist, dass die Schüler über solche Aufzeichnungen informiert sind. Diese sollten mit einem entsprechenden Datum versehen sein. Denn vor allem die „Saisonarbeiter“ unter den Schülerinnen und Schülern verfügen über ein ausgesprochen gutes Kurzzeitgedächtnis, wenn es um die gute Mitarbeit in den letzten Wochen geht, lassen dabei allerdings die unterrichtlichen „Auszeiten“ in den ersten Schulwochen außer Acht. Bei entsprechender Beschwerde der Eltern gegen die Leistungsbeurteilung ist es für die Schulleiterin bzw. den Schulleiter äußerst hilfreich, über belastbare Aufzeichnungen zu verfügen, die auch Grundlage für eine entsprechende Entscheidung sind (wird der Beschwerde stattgegeben oder nicht).

▼

An dieser Stelle ein Hinweis: Bei Beschwerden über die Noten ihrer Kinder treten Eltern gelegentlich sehr entschieden auf. Sie verweisen darauf, dass …

- in der Parallelklasse weniger oder mehr Arbeiten geschrieben worden seien;
- bei gleicher Punktzahl und Fehlerzahl eine andere Schülerin oder ein anderer Schüler besser benotet worden sei.

Verwaltungsgerichte schauen gern auf Regelungen. Und der Nachweis der Eltern über unterschiedliche Beurteilungen in vergleichbaren Lerngruppen macht jede Verwaltungsrichterin und jeden Verwaltungsrichter hellhörig. Dem kann die Schulleiterin bzw. der Schulleiter entgegenwirken, wenn es bezogen auf die einzelnen Fächer und Jahrgänge klare Vereinbarungen bezüglich der Anzahl der zu schreibenden Arbeiten und deren Benotung gibt, die im Rahmen der gesetzlichen Vorgaben durch die Fachkonferenzen beschlossen wurden.

Schwierig wird es, wenn Eltern die geforderten Leistungen als „anrüchig“ oder gar als „Zumutung“ für ihr Kind empfinden. Gegen eine solche Position lassen sich ohne Weiteres eine Reihe von überzeugenden Gegenargumenten finden, sie werden allerdings in den wenigsten Fällen bei den Eltern Gehör finden.

Dienstliche Beurteilungen

Es gibt unterschiedliche Anlässe für dienstliche Beurteilungen:

- die Übernahme in das Beamtenverhältnis auf Lebenszeit
- eine Bewerbung auf eine ausgeschriebene Beförderungs- oder Funktionsstelle
- auf Antrag einer Lehrkraft bei längerer Abwesenheit (in der Regel länger als ein Jahr) und vor Beginn der Elternzeit, vor einer Versetzung aus dienstlichen Gründen und vor einer Abordnung von mehr als sechs Monaten

In der Regel umfasst der Beurteilungsraum je nach Bundesland bis zu drei Jahre.

Die dienstliche Beurteilung beschreibt detailliert wichtige Tätigkeiten, die die Lehrkraft ausgeübt hat. Dabei ist so konkret wie möglich vorzugehen. Es reicht also nicht aus, auf die Mitarbeit in einer Arbeitsgruppe hinzuweisen, sondern deutlich zu machen, was dort geleistet wurde (Leitung der Gruppe, welche inhaltlichen Beiträge wurden erbracht etc.). Um sicherzugehen, dass man nichts vergessen hat, sollte man die Lehrkraft um eine entsprechende Auflistung bitten.

Des Weiteren beinhaltet die dienstliche Beurteilung einen Bericht über einen Unterrichtsbesuch. Zwei Dinge sind zu empfehlen.

- Die Schulleiterin bzw. der Schulleiter sollte sich einen Unterrichtsentwurf vorlegen lassen, der die Ziele benennt und den Unterrichtsverlauf skizziert, welche Methoden angewandt und welche Materialien verwendet werden. Ergänzend dazu sind Hinweise über die Zusammensetzung der Klasse bzw. Lerngruppe.
- Mit der Lehrkraft ist vorab zu besprechen, nach welchen Kriterien der Unterricht beurteilt wird, weswegen es ratsam ist, ein Beurteilungsraster zu erstellen, aus dem die Kriterien der Beurteilung hervorgehen. Es empfiehlt sich durchaus, sich der Kriterien der Qualitätsinstitute, die im Rahmen der Schulinspektion in den einzelnen Bundesländern verwendet wurden, zu bedienen. Kriterien können z. B. sein:
  - Werden überfachliche Kompetenzen aufgebaut?
  - Sind die Lehr- und Lernprozesse strukturiert und transparent?

- Wie wird mit heterogenen Lernvoraussetzungen (Binnendifferenzierung) umgegangen?
- Wird ein lernförderliches Klima geschaffen?
- Wurde der Unterricht adäquat zu den Zielen geplant?
- Wie ist die Leistung der Lehrkraft bei der Durchführung des Unterrichts einzuschätzen?

Im Anschluss an den Unterricht ist mit der Lehrkraft ein ausführliches Reflexionsgespräch zu führen.

Die dienstliche Beurteilung schließt mit einer Gesamtbeurteilung ab; dabei geht es um die Würdigung der Eignung, Befähigung und fachlichen Leistung.

Vor allem, wenn es um die Verbeamtung auf Lebenszeit geht, kommt der Schulleiterin bzw. dem Schulleiter eine besondere Rolle zu. Es wird immer dann schwierig, wenn Zweifel über die Eignung bestehen. An dieser Stelle empfiehlt es sich, im Vorfeld mit der Lehrkraft über ihre Defizite zu sprechen und einen erneuten Unterrichtsbesuch zu vereinbaren. Kritik ist unmissverständlich und sachlich darzulegen. Notfalls müssen der Lehrkraft Auflagen für die Verbeamtung gemacht werden.

In diesen Fällen empfiehlt sich der Abgleich mit der Dienstordnung für Lehrkräfte. Ist die Lehrkraft erst mal in das Beamtenverhältnis auf Lebenszeit berufen und erweist sich als unfähig (ja, so etwas soll es geben!), gibt es kaum noch Möglichkeiten, sie wieder „loszuwerden“.

▼

Wer kennt sie nicht, die Lehrkräfte, die es nicht schaffen, pünktlich zur ersten Stunde zu erscheinen? Und deren gelegentlich pünktliches Erscheinen sie schon zu einer besonderen pädagogischen Persönlichkeit adelt? Denen ist nicht leicht beizukommen, vor allem, wenn sich dieses Verhalten als „Altlast“ über lange Zeit „bewährt“ hat. Höchste Zeit für die Schulleiterin bzw. den Schulleiter, einzugreifen. Zunächst empfiehlt sich ein höfliches Gespräch, in dem auf das Fehlverhalten deutlich hingewiesen und nach den Gründen gefragt wird. Sind diese nachvollziehbar (z. B. weil Kinder in eine Kita gebracht werden müssen oder eine kranke Person versorgt werden muss), informieren die Lehrkräfte die Schulleitung ohnehin in der Regel vorab. In diesem Fall muss die Vereinbarkeit von Familie und Beruf hergestellt werden; dies kann unter Umständen auch zur Veränderung des Stundenplans führen. Als Ergebnis muss auf jeden Fall stehen, dass der pünktliche Unterrichtsbeginn gewährleistet ist.

Nicht selten gibt es allerdings keine nachvollziehbaren Gründe für den verspäteten Dienstantritt. Auch dann ist zunächst das Gespräch zu suchen. Die Erfahrung zeigt, dass die Lehrkraft in nächster Zeit pünktlich erscheint, sich aber recht bald alte „Gewohnheiten" wieder einstellen. Die Lehrkraft sollte nun ausdrücklich ermahnt werden, mit dem unmissverständlichen Hinweis darauf, im Wiederholungsfall eine schriftliche Missbilligung zu erhalten. Es empfiehlt sich, spätestens jetzt den Personalrat einzubinden, ihm das belegte Fehlverhalten aufzuzeigen und ihn über die beabsichtigten Schritte in Kenntnis zu setzen.

Oftmals scheuen sich Schulleiterinnen und Schulleiter davor, konsequent gegen Dienstvergehen vorzugehen. Diese stören nicht nur den inneren Frieden eines Kollegiums („Die kann sich wohl alles erlauben!"), sondern haben mitunter eine fatale Außenwirkung, wenn es nämlich in der Öffentlichkeit heißt, die Lehrkräfte der Schule seien unpünktlich und die Schulleiterin bzw. der Schulleiter unternähme nichts dagegen. Was die Schulleiterin bzw. der Schulleiter unternimmt, geht die Eltern nur bedingt etwas an, aber sie/er muss aus unterschiedlichen Gründen handeln: weil die verspätete Kollegin ihre Aufsichtspflicht verletzt, weil wichtige Zeit für die Vermittlung der Unterrichtsinhalte verloren geht und weil benachbarte Klassen durch lautes Toben oder Geschrei gestört werden. Im Übrigen haben die Schülerinnen und Schüler ein Recht auf einen geregelten Unterricht. Falls trotz aller Bemühungen keine Verhaltensänderung eintritt, sollte die schriftliche Missbilligung vorab einer Juristin bzw. einem Juristen der Schulaufsicht zur Prüfung vorgelegt werden.

Zum Abschluss dieses Kapitels noch ein kleiner Mutmacher: Verordnungen und Erlasse können auch gedehnt werden, um möglichst große Handlungsspielräume zu erhalten. Bei genauem Hinsehen werden diese Spielräume offensichtlich und eröffnen Handlungsoptionen. Dies setzt allerdings die sichere Kenntnis der Rechtsvorschriften voraus. Unser Recht idealisiert alle gesellschaftlichen Bereiche. Das heißt, der Gesetzgeber geht von der Einhaltung von Vorschriften aus (Geschwindigkeitsbegrenzungen dürfen nicht überschritten, Bauvorschriften müssen beachtet, die Frist für die Antragstellung zur freiwilligen Wiederholung eines Schuljahres muss eingehalten werden). Die gesetzten Normen werden tagtäglich verletzt. Warum sollte es also in der Schule anders sein?

Bott, Wolfgang 2011: Grundkurs Schulrecht VI. Köln.
Hoegg, Günther 2017: Schulrecht. Weinheim.

Konflikte und Widerstände

Dieses Kapitel kann selbstredend nicht umfassend auf die Themen Konflikte oder Umgang mit Widerständen eingehen. Das soll es auch gar nicht. Dazu verweisen wir weiterführend auf die einschlägige und umfangreiche Literatur zu diesen Themengebieten. Unsere Ausführungen sollen vielmehr Hinweise bzw. Denkanstöße für die konkrete schulische Praxis geben, in der Konflikte allgegenwärtiger Teil des täglichen Miteinanders sind.

Beim Thema Konflikte bzw. Widerstände kann es nicht darum gehen, durch das Anhäufen von Faktenwissen zum Konfliktmanagement das Aufkommen von Konflikten zu unterbinden oder diese gar ganz abzuschaffen. Konflikte gehören zum schulischen Miteinander wie das sprichwörtliche Salz in die Suppe. Immerhin stehen sie in jedem Fall dafür, dass sich Menschen miteinander und bestenfalls auch in einer Sache auseinandersetzen. „Dabei sind nicht die Konflikte das Problem, sondern die Art und Weise, wie sie ausgetragen werden." (Philipp/Rademacher 2002,15)

Davon auszugehen, dass es in schulischen Systemen – seien sie auch noch so klein und laufen sie auch noch so rund – keine Konflikte gibt, ist – Verzeihung – schlichtweg naiv. Das Ausbleiben von Konflikten sollte vielmehr als Zeichen dafür verstanden werden, dass die Menschen miteinander nicht im

Kontakt stehen. Mangelnder Kontakt verhindert in der Regel das rechtzeitige Besprechen von Konflikten. Diese treten erst spät, aber dafür umso massiver zutage. Ein Konfliktmanagement oder eine Bearbeitung lassen sich dann nur noch schwer umsetzen und führen mit weit geringerer Wahrscheinlichkeit zum Erfolg.

Konflikte zu identifizieren, ihre Anlässe und Ursachen zu entdecken und zu verstehen, Instrumente der Konfliktbearbeitung zu kennen und zu beherrschen sowie Konfliktbearbeitung als Führungsaufgabe zu verstehen und wahrzunehmen, sind essentiell für einen konstruktiven und professionellen Umgang mit Konflikten in schulischen Systemen.

Merkmale eines Konflikts

Nie verkehrt – und auch das will zunächst einmal beherrscht sein: den Konflikt als solchen an seinen Merkmalen erkennen.

Glasl definiert einen sozialen Konflikt als Interaktion von Akteuren, bei der wenigstens ein Akteur die **Unvereinbarkeit**

- im Wahrnehmen und Denken,
- im Fühlen und Empfinden und
- im Wollen

derart erlebt, dass er sie im Realisieren der Interaktion als **Beeinträchtigung** folgender Art empfindet:

- Handeln und Verhalten einer Partei wird von der anderen als Beeinträchtigung erlebt.
- Eine Seite versucht, der anderen ihre Auffassung, Vorgehensweise oder ihre Interessen aufzudrängen.
- Eine Seite versucht, ihre Auffassung etc. gegen die andere durchzusetzen.
- Eine oder beide Seite/n fühlen sich in ihren Bedürfnissen nicht wahr- und ernst genommen. (Glasl 2004)

Wenn wir nun beispielsweise an Schulleitungsaufgaben wie Schul- oder Unterrichtsentwicklung denken, finden sich schnell Schnittmengen zu Glasls Begrifflichkeiten von Unvereinbarkeit und Beeinträchtigung: Das Sich-Berufen auf die pädagogische Freiheit macht es an vielen Stellen möglich, so scheint es, und das Selbstverständnis so mancher Lehrkraft im eigenen Unterricht auch –

Unterrichten ist dann etwas Persönliches, etwas Personenbezogenes, ja für manch eine oder einen sogar etwas Privates. Nicht wenige Lehrkräfte fühlen sich in ihrer bisherigen Vorgehensweise beeinträchtigt und in ihrem Denken und Wollen nicht wahrgenommen bzw. sich als Experten nicht ernst genommen, wenn mal wieder – wie es dann in Lehrerzimmern so schön heißt – eine „neue Sau durchs Dorf getrieben wird".

Schul- und Unterrichtsentwicklung ist im anstrengendsten Fall ein ständiges Schwimmen gegen den Strom von „Das haben wir schon immer so gemacht!", „alter Wein in neuen Schläuchen" oder „Warum lässt man uns nicht einfach mal in Ruhe unterrichten?". Wenn beispielsweise die Schulleitung die Maßgabe erhält, für die Umsetzung des kompetenzorientierten Unterrichtsansatzes Sorge zu tragen und die ein oder andere Lehrkraft nicht so recht von dieser neuerlichen „Einmischung" in den Unterricht überzeugt werden will, kann sich der Konflikt z. B. dann entwickeln, wenn es zu einem Unterrichtsbesuch kommt, in dem jegliche Ansätze einer Kompetenzorientierung fehlen – trotz monatelanger Konferenzarbeit und Fortbildung. In der Realität kann im Übrigen schon die bloße Ankündigung des Unterrichtsbesuchs konfliktträchtig sein.

Schulleiterinnen und Schulleiter bewegen sich tagtäglich in einem Minenfeld möglicher Konflikte auf allen denkbaren Ebenen. Es ist daher in jedem Fall lohnenswert, sich die häufigsten Anlässe für Konflikte im schulischen Kontext bewusst zu machen. Ferner kann die Ursachenklärung ein erster wichtiger Schritt in Richtung Konfliktlösung sein.

Anlässe für Konflikte (nach Laurie Mullins), übertragen auf Schule

An welchen Stellen also sollte eine Schulleiterin bzw. ein Schulleiter mit Konflikten rechnen? Laurie Mullins hat in seinem Werk „Management and Organizational Behaviour" einige Anlässe für soziale Konflikte in Organisationen benannt. Diese Anlässe finden sich in schulischen Systemen wieder und werden im Folgenden in Anlehnung an Mullins zusammenfassend benannt und von uns mit schulischen Beispielen hinterlegt (Mullins 2007). An geeigneter Stelle verdeutlichen Beispiele aus der Lebenswelt von Schulleitung und Schulaufsicht die Konfliktträchtigkeit der Anlässe.

- **Wertediskussionen**
  Hierzu zählen Diskussionen über richtige oder falsche pädagogische Ansätze, den Rahmen pädagogischer Freiheit, zu ergreifende Ordnungsmaßnahmen oder pädagogische Maßnahmen, Sanktionen, Herangehensweisen an Entwicklungsthemen, die Auslegung von Richtlinien, Verordnungen und Erlassen oder auch die Erziehungsentwicklung eines Systems, die Schulordnung, die Regeln für Klassen- oder Studienfahrten, das Leitbild, das pädagogische Selbstverständnis im Umgang aller miteinander, die Notwendigkeit eines Schulprogramms oder der Profilierung in Konkurrenz zu anderen Schulen vor Ort oder in der Region, die vielleicht als Obrigkeitshörigkeit wahrgenommene (zu) schnelle Umsetzung von Weisungen und Entwicklungsrichtungen durch die vorgesetzten Behörden etc.

▼

Eine Lehrkraft an einer Grundschule hatte für einen massiven Konflikt gesorgt, indem sie einen autistischen Schüler vor der ganzen Lerngruppe übel beschimpft hatte. Nicht etwa die Eltern des betroffenen Schülers hatten sich beim Schulleiter beschwert, sondern mehrere Eltern aus der Klasse, in der sich der Vorfall ereignete. Der schulpsychologische Dienst musste eingeschaltet werden, um den Konflikt zu bearbeiten. Grundlage für den Konflikt waren die Wertvorstellungen der Lehrkraft. Diese hatte über Monate ein Tagebuch über den Schüler geführt und fühlte sich von diesem infrage gestellt und beleidigt. Die Erkrankung des Jungen verlor die Lehrkraft dabei völlig aus dem Blick, ebenso sein Recht auf Teilhabe und inklusive Beschulung. Für die Lehrkraft galt die Homogenität ihrer Schülerschaft, der sich der autistische Junge anzupassen hatte.

- **Struktur, Macht, Ressourcen**
  Zu diesen Anlässen können zählen: als unterschiedlich „gut" oder „fair" wahrgenommene Stundenpläne oder Raumpläne, die Verteilung von Budgets auf einzelne Fachschaften, Projekte oder Arbeitsgemeinschaften, die

Verteilung von Deputatsstunden für besondere Aufgaben im Rahmen der Verantwortlichkeiten der erweiterten Schulleitung, die Entscheidung darüber, welche Lehrkräfte bei bestehender Überversorgung eines Systems abgeordnet werden müssen, eine als ungerecht empfundene Geschäftsverteilung, das Empfinden, dass die Schulleiterin oder der Schulleiter zu wenig unterrichtet und demzufolge die Sorgen und Nöte der Lehrkräfte gar nicht nachvollziehen könne, damit einher geht auch die Nichtakzeptanz struktureller Macht, wenn es beispielsweise um die Freigabe von Versetzungsanträgen oder die Rücknahmen von Nichtversetzungen von Schülerinnen und Schülern durch die Schulleitung geht, willentlich destruktives Verhalten einzelner Verantwortlicher oder Lehrkräfte, das Empfinden von Erziehungsberechtigten, dass die Schulleiterin bzw. der Schulleiter ja immer auf der Seite ihrer oder seiner Lehrer stehe, Zuweisungen von verhaltenskreativen Schülern durch die vorgesetzte Behörde, fehlende Zuweisung von benötigten Ressourcen etc.

- **Sachverhalte, die unterschiedlich bewertet und wahrgenommen werden**
  Hierzu zählen beispielsweise Tagesordnungspunkte auf Konferenzen, über die abgestimmt werden soll, obwohl nur unzureichende, fehlerhafte oder vielleicht sogar falsche Informationen vorliegen; unvollständige Informationen zur Praxis der Unterrichtsversorgung eines Systems, die in der Lehrerschaft vielleicht einen Eindruck von „Aber das muss doch möglich sein!“ hinterlassen; unterschiedliche Bewertung von Prüfungssituationen; unterschiedliche Wahrnehmung von Tathergängen bei Schülerkonflikten oder unterschiedliche Wahrnehmung und Interpretation von Daten und Fakten.

- **Interessen, Konkurrenz, Rivalität**
  Hier sind beispielweise die Konkurrenzsituationen mehrerer Bewerber aus einem Lehrerkollegium auf eine Funktionsstelle zu nennen, die Konkurrenz bei Bewerbungen auf A14-Beförderungsstellen, die Rivalität bei der Vergabe des Postens der Steuergruppenleiterin bzw. des Steuergruppenleiters, Rivalität bei der Genehmigung von Fortbildungswünschen oder Dienstbefreiungen, Ungleichbehandlung von Lehrkräften in Teilzeit z. B. bei der Stun-

denplangestaltung, dem Einsatz in der Oberstufe, der Zweitkorrektur im Abitur etc. Hierzu können auch gefühlte Bedrohungen der eigenen Komfortzone im Hinblick auf Entwicklung zählen, denn lernen und sich selbst weiterentwickeln initiieren sich immer am Rand unserer Komfortzonen – und wer begibt sich dort schon gerne hin?

▼

In einer Sekundarstufenschule war die Stelle einer Konrektorin/eines Konrektors ausgeschrieben. Systemintern bewarben sich zwei Lehrkräfte auf diese Stelle. Nachdem sie dies voneinander erfuhren, zog eine Lehrkraft ihre Bewerbung zurück und brach den Kontakt zu der anderen sich bewerbenden Lehrkraft komplett ab, obwohl beide bis dato gut miteinander bekannt waren und Letztere für die Stelle auch nicht ausgewählt wurde. Die Beweggründe für den Rückzug der Bewerbung wurden nie bekannt. Auf die Stelle hatten sich im Übrigen drei weitere Personen beworben, von denen eine ausgewählt wurde. Die Lehrkraft, die ihre Bewerbung zurückgezogen hatte, fehlte im Anschluss krankheitsbedingt sehr lang.

- **Beziehungs- und Kommunikationsstörungen**
  Von diesen gibt es in schulischen Systemen vermutlich fast so viele, wie es Lehrkräfte gibt. Einige treten zutage, andere nicht. Hierzu zählen Vorurteile und Stereotypen: Die ist immer krank; der ersetzt jede Klausur durch Referate; jener hat keinen fachlichen Anspruch in seinem Unterricht und die Schülerinnen und Schüler gehen „über Tisch und Bänke" etc. Störungen in der Kommunikation und unangemessene Distanzen – in beide Richtungen – treten hinzu: Nicht jede Lehrkraft versteht Ironie, nicht jede Lehrkraft ist in der Lage, unter Belastung (z. B. in einem schwierigen Elterngespräch) angemessen zu kommunizieren; bei den Empfängern kommen die falschen Botschaften an; die Schulleiterin oder der Schulleiter spricht beispielsweise – die Begrifflichkeiten der Transaktionsanalyse verdeutlichen dies – aus einer unangemessenen Haltung heraus (fürsorgliches oder kriti-

sches Eltern-Ich statt Erwachsenen-Ich) und Lehrkräfte fühlen sich nicht ernst genommen. Nicht unterschätzen sollte man bei dieser Art von Anlässen auch, dass sich Lehrkräfte oft als Einzelkämpfer verstehen, die bestenfalls auf jede Frage sofort eine Antwort wissen (Stichwort „Oberlehrer"). Diese Haltung kann häufig zu Konflikten im Unterricht führen oder zur Verweigerung von Neuerungen.

- **Voneinander abhängige Arbeit**
  Dass die Ausführung der eigenen Arbeit auch von anderen abhängt, ist eine häufige Situation in Schulen. Hierunter fallen beispielsweise die Vorbereitung von Konferenzen, wenn diese auf mehrere Schulleitungsmitglieder verteilt wird, die Vorbereitung oder Ausarbeitung von Vergleichsarbeiten, die Arbeit in Jahrgangsteams oder die Arbeit in Arbeits- und Projektgruppen. Die Arbeit in weiterführenden Systemen hängt von der Arbeit ab, die in der Grundschule geleistet wurde; die Arbeit in der Oberstufe von der in der Mittelstufe. Die Konflikte, die sich daraus ergeben, können in eine Geringschätzung ganzer Systeme münden („Die Kinder von Grundschule x haben vier Jahre lang keine Kommas gesehen.").

- **Rollenkonflikte**
  Ein Rollenkonflikt entsteht beispielsweise dann, wenn eine Schulleiterin als Fachlehrerin in einer Klasse unterrichtet. Welches Gewicht hat dann ihr Wort bei einer Klassenkonferenz oder in Gesprächen mit dem Klassenlehrer zu pädagogischen Möglichkeiten? Wie ist das Wort eines Schulleitungsmitglieds in einer Fachkonferenz zu gewichten? Ist es Ausdruck der Haltung der kompletten Schulleitung?

- **Unfaire Behandlung**
  Hier sind Anlässe gemeint, bei denen das Alter, das Geschlecht, das Aussehen etc. Auslöser für das Empfinden unfairer Behandlung sein können. Im Hinblick auf das Geschlecht geht es beispielsweise um die eventuell als ungerecht empfundene Behandlung von Lehrerinnen mit kleinen Kindern und Lehrern ohne Nachwuchs („Die hat immer erst zur dritten Stunde und nie

Nachmittagsunterricht."). Trivial, aber nicht zu unterschätzen: Konflikte können auch im Hinblick auf die Auswahl des Ortes für den Kollegiumsausflug entbrennen – nicht jeder möchte oder kann sich in ein Kanu setzen oder den Kletterwald erklimmen, auch wenn es noch so teambildend ist.

- **Verletzung des Territoriums**
  Hierzu zählen unklare Platzzuordnungen im Lehrerzimmer oder in den naturwissenschaftlichen Vorbereitungsräumen, die gut gemeinte spontane Übernahme von Ämtern oder Aufgaben, die eine andere Lehrkraft seit Jahren innehat oder ausführt, die Verletzung der persönlichen Komfortzone durch körperliche Distanzlosigkeit etc. Hier sind also sowohl tatsächliche als auch ideelle Territorien gemeint.

- **Veränderung der Umwelt**
  Hierzu kann man vieles zählen, was in den Bereich des Changemanagements fällt: beispielsweise die Umstellung von G9 auf G8 und andersherum an den Gymnasien, die Einführung einer Förderstufe, die Einführung einer flexiblen Eingangsstufe an Grundschulen, das notwendige Zusammenlegen von Haupt- und Realschulklassen zu kombinierten Klassen, die Auflösung eines Schulzweigs, die Zusammenlegung zweier Schulen, die Beschulung von Kindern mit Förderbedarfen in Regelklassen, veränderte Ansprüche an Unterricht und individuelle Förderung etc.

Diese Aufzählung erhebt natürlich keinen Anspruch auf Vollständigkeit, sie gibt vielmehr einen Hinweis darauf, wie vielfältig Konflikte in schulischen Systemen sein können. In der Regel gibt es für Konflikte nicht nur einen der oben genannten Anlässe. Nicht selten wird ein Konflikt erst dann ausgetragen, wenn mehrere Anlässe zusammentreffen oder sich über die Zeit akkumulieren.

Ist das mein Konflikt?

Als Schulleiterin bzw. Schulleiter wird man mit Konflikten in allen möglichen Ausgestaltungen konfrontiert. Eine gute Möglichkeit, um den notwendigen Abstand für eine

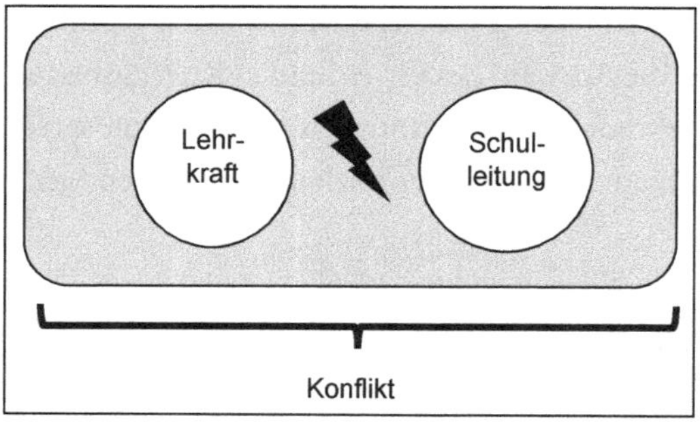

Abb. 9: Konflikt I

eingehende Fallbetrachtung zu erlangen, ist in jedem Fall die Frage danach, ob der Konflikt tatsächlich einer ist, der von mir als Leiterin oder Leiter gelöst werden muss oder einer, dessen Bearbeitung ich delegieren kann, z. B. an Mitglieder der Schulleitung.

Besteht ein klassischer Konflikt mit einer Lehrkraft z. B. über deren Einsatz in einer bestimmten Klassenstufe oder über deren Stundenplan, ist ganz klar die Schulleiterin

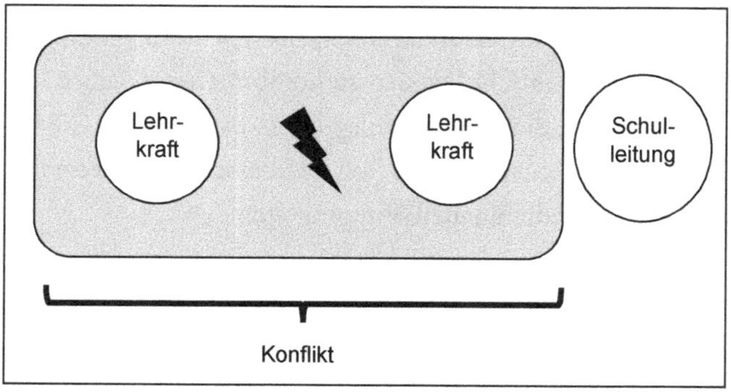

Abb. 10: Konflikt II

bzw. der Schulleiter Konfliktpartei. Je nach Schwere des Konflikts stellt sich dann die Frage, wer diesen bearbeiten soll, weil Schulleiterinnen bzw. Schulleiter hier in einer Doppelrolle auftreten und daraus wiederum ein Rollenkonflikt entstehen kann.

Eine weitere hilfreiche Frage ist die danach, ob man selbst überhaupt Teil des Konflikts ist. Ist man dies nicht, gewinnt man leichter Distanz dazu und findet besser in die Rolle des Konfliktmanagers oder Mediators. Dabei darf man aber nicht vergessen, dass man als Leiterin oder Leiter des Systems letzten Endes für dessen Werte, Normen, das Leitbild, das Schulprogramm, dessen Wirkung nach außen etc. steht. Davon auszugehen, dass man als Schulleiterin bzw. Schulleiter einen Konflikt neutral moderieren oder bearbeiten kann, wäre fatal. Allein die unterschiedlichen biografischen Bezüge, die man zu den Konfliktparteien hat, machen dies unmöglich. (Herrmann 2006)

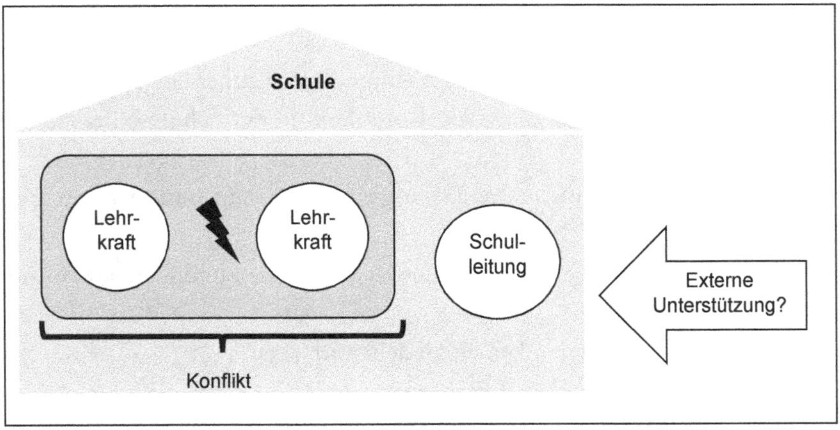

Abb. 11: Konflikt III

Die Kosten, die ein nicht bearbeiteter Konflikt einem schulischen System mitunter über Jahre bereitet, können immens sein (Konflikt wird oftmals zur „heimlichen" Tagesordnung, hoher Krankenstand, stark nachlassende Motivation, gestörte Arbeitsatmosphäre und Ähnliches mehr). Daher können wir nicht zuletzt nur dazu ermuntern, bei komplizierten und sehr emotionalen Konflikten, die das ganze System lähmen, auf Expertenhilfe von außen zurückzugreifen. In Hessen bietet sich hierbei z. B. die Einschaltung des schulpsychologischen Dienstes oder auch die Beantragung eines Krisencoachings bei der Lehrkräfteakademie an. Beide Maßnahmen sind für Schulen kostenfrei. Wichtig erscheint uns, diese Schritte mit der Schulaufsicht abzustimmen und diese um Unterstützung zu bitten. Diese kann beispielsweise in einer Auftragsklärung mit dem Coach oder der Psychologin bzw. dem Psychologen bestehen.

Leider wird dieser Schritt von Schulleiterinnen und Schulleitern häufig als Gesichtsverlust oder von außen wahrnehmbare Schwäche verstanden. (Dies hängt sicherlich auch von der Art und Weise der Zusammenarbeit mit dem nächsten Vorgesetzten in der Schulaufsichtsbehörde zusammen.) Das Gegenteil ist der Fall: Wer sich professionelle Hilfe holt, agiert auch professionell – zeigt Schulleitung doch so nach außen, wie eine Schule mit ihren Konflikten umgeht und wie wichtig ihr deren Bearbeitung ist.

Der Konflikt ist da – was jetzt?

Folgende zehn Grundprinzipien in Anlehnung an Günther Gugel und Uli Jäger können bei der Bearbeitung von Konflikten in der Schule hilfreich sein (Gugel/Jäger 2001):

1. Es geht um eine gemeinsame Lösung eines Problems und nicht um Sieg oder Niederlage.
2. Orientieren Sie sich an Bedürfnissen und Interessen und nicht an Positionen.
3. Muten Sie dem anderen keinen Gesichtsverlust zu.
4. Vermeiden Sie vollendete Tatsachen.
5. Unterscheiden Sie zwischen dem Menschen und dem Problem.
6. Vermeiden Sie, die Gefühle des anderen zu verletzen.
7. Sichern Sie bei Lösungen die Grundbedürfnisse des anderen nach Sicherheit, Identität, Freiheit ab.
8. Schränken Sie Ihre Handlungsoptionen nicht ein, sondern erweitern Sie sie.
9. Benutzen Sie nur Mittel, die sich mit dem Ziel, dem Programm und der Kultur der Schule vertragen.
10. Achten Sie darauf, dass sich das Ergebnis und der Prozess an den gültigen Regeln sowie an verbindlichen Kriterien und Vereinbarungen Ihrer Schule orientieren und dass sie Ihren ethischen Gesichtspunkten genügen.

Wie auch immer sich eine Konfliktkonstellation darstellt: Konfliktbearbeitung ist eine Führungsaufgabe. Nur wer sich das bewusst macht und entsprechend agiert, kann letzten Endes sicherstellen, dass der Schulbetrieb konstruktiv läuft, der Schulfrieden garantiert ist und Entwicklungsziele erreicht werden.

Egal, welche Strategie Schulleiterinnen bzw. Schulleiter bei der Bearbeitung von Konflikten anwenden – wichtig ist, dass sie sich immer wieder mit dem Thema auseinandersetzen und die Bearbeitung z. B. in Fortbildungen oder im Rahmen kollegialer Fallberatung üben. Auch die intensive Vorbereitung von Konfliktgesprächen mit beispielsweise einem anderen Mitglied der Schulleitung kann hilfreich sein. Wenn in Konfliktgesprächen die Möglichkeit besteht, eine Beobachterin bzw. einen Beobachter einzubeziehen, sollte dies genutzt werden, um im Nachhinein ein Feedback zu erfragen und das Gespräch zu analysieren.

Eskalation oder Lösung

Es gibt verschiedene Modelle, die die Eskalation von Konflikten beschreiben, aber auch hilfreich für deren Analyse sind. Die Auseinandersetzung mit diesen lohnt allemal.

Das wohl bekannteste Modell ist das neunstufige Phasenmodell nach Friedrich Glasl, das hier bildhaft dargestellt wird. Für eine eingehendere theoretische Auseinandersetzung mit dem Modell verweisen wir auf Glasl, Friedrich: Ein Handbuch zur Diagnose und Behandlung von Konflikten für Organisationen und Berater (2004), Bern.

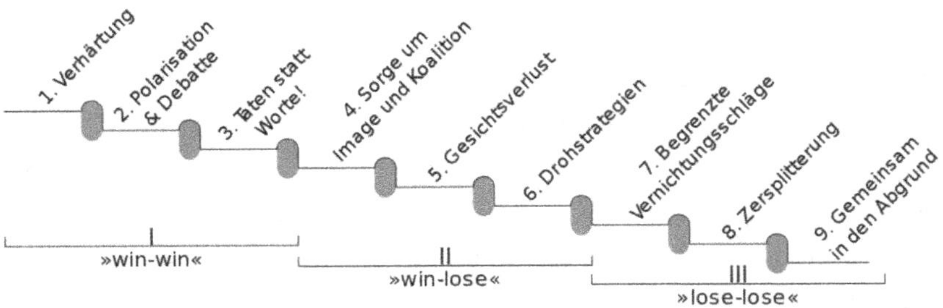

Von Benutzer: Sampi – Quelle: Glasl 1994, S. 216, 218-219, CC BY-SA 2.0 de, https://commons. wikimedia.org/w/index.php?curid=45956514 05.08.2017

Abb. 12: Konfliktphasen nach Glasl

Interessant sind bei Glasls Modell jeweils die Positionen oder vielleicht besser Zuschreibungen zwischen den Konfliktparteien: win-win, win-lose, lose-lose.

Sie geben wertvolle Hinweise auf die Haltung der Konfliktparteien in den einzelnen Phasen und bieten gegebenenfalls Ansatzpunkte für die Konfliktbearbeitung und deren Strategie.

Ziel einer Konfliktbearbeitung sollte in jedem Fall eine dauerhafte und wirkungsvolle Lösung des Konflikts sein. Welche Modelle und Methoden dabei zum Einsatz kommen können, erläutern beispielsweise Philipp und Rademacher in „Konfliktmanagement im Kollegium“ (siehe Literaturhinweis).

Im Allgemeinen hat sich in der Erarbeitung von Konfliktlösungen eine Dreischrittigkeit als nützlich erwiesen:

1. Deeskalieren.
2. Kommunikation zwischen den Akteuren ermöglichen.
3. Gegenseitiges Verständnis erzeugen, Werte der Konfliktparteien benennen, Interessens- bzw. Bedürfnisgegensätze erarbeiten.

Man darf sich hierbei aber nichts vormachen: „Nicht alle Konflikte lassen sich lösen. Konfliktlösung ist auf die Bereitschaft zum veränderten Handeln angewiesen – und Menschen haben im Normalfall nur die Macht, sich selbst zu verändern; nicht die Macht, Änderungen bei anderen zu erzwingen. Die eigene Veränderung kann allerdings die Chance deutlich erhöhen, dass andere auch ihr Handeln verändern – nicht mehr, aber auch nicht weniger. Unterschiedliche Positionen, Haltungen, Interessen gehören zur menschlichen Vielfalt dazu. Entscheidend zur Beurteilung, ob eine Konfliktlösung tatsächlich nötig ist, ist die Frage: Entsteht ein (bedeutender) Schaden, wenn der Konflikt nicht gelöst wird?“ (Herrmann 2006)

Konfliktbearbeitung kann also die Frage nach den Kosten und dem Nutzen aufwerfen. Mitunter ist darauf zu schauen, ob nach beigelegtem Konflikt eine weitere Zusammenarbeit oder Kommunikation überhaupt notwendig oder erwünscht ist. Ist dies nicht der Fall, kann das Investment in eine nachhaltige Konfliktlösung zu groß sein.

Es gibt also durchaus Situationen, in denen es kosten- und ressourcengünstig ist, den Fortbestand des Konflikts zu akzeptieren. Und natürlich gibt es auch solche Fälle, in denen nur noch eine gerichtliche Klärung die Auflösung der Situation herbeiführen kann. Im Endeffekt stellt dies eine massive Entlastung der Schulleiterin oder des Schulleiters dar. Schon im Vorfeld sollte man sich hierzu von den Juristen in den Schulaufsichtsbehörden beraten lassen – diese sind in der Regel äußerst konflikterfahren und können bei der Einschätzung von Konfliktkonstellationen gute Hilfestellungen geben.

Und womit ist sonst noch so zu rechnen?

Mit Widerständen.
Schulleiterinnen und Schulleiter müssen sich bewusst machen, dass sie oft zwischen den Stühlen stehen. Sie sind häufig die Knautschzone zwischen Kollegium und Schulaufsicht bzw. Ministerien und werden deshalb in Situationen geraten, in denen sie nicht nur auf beiden Seiten, sondern auch in sich selbst massiven Widerstand verspüren werden. Widerstand gegen Strukturen und Prozesse, die die Schulleiterin bzw. der Schulleiter später im oder mit dem Kollegium umsetzen muss. Widerstand ist ein Charakteristikum einer jeden Veränderung in (schulischen) Systemen und gegen Widerstand ist niemand resistent.

Die folgenden sieben Punkte in Anlehnung an Eike Wagner können dabei helfen, mit vorhandenem Widerstand umzugehen (http://www.perspektive-blau.de/artikel/1007b/1007b.htm. 24. 8.2017):

- Widerstand akzeptieren – er gehört zu jeder Veränderung dazu:
  Inwiefern Lehrkräfte Widerstand gegen eine Veränderung an sich oder gegen die Art und Weise der Gestaltung des Veränderungsprozesses leisten, spielt dabei keine Rolle. Wichtig ist, dass der Widerstand als solcher durch die Schulleitung angenommen werden kann und bestenfalls bereits bei der Vorbereitung der Veränderung entsprechend antizipiert wurde.
- Widerstand in den Verlauf von Veränderungen einordnen:
  Unabhängig davon, ob Widerstand den klassischen Phasen folgt, ist die Veränderungskurve nach Elisabeth Kübler-Ross äußerst hilfreich, um herauszufinden, an welchem Punkt in einem Veränderungsprozess eine Lehrkraft steht. Interessant zu wissen ist vielleicht auch, dass die Veränderungskurve, die beispielsweise bei Veränderungsprozessen wirtschaftlicher Unternehmen zu Rate gezogen wird, auf einem Modell zur Trauerforschung basiert. Das zeigt, wie tiefgreifend Veränderungsprozesse sein können und wie sehr sie das Empfinden eigener Kompetenz beeinflussen können.

- Die eigene Rolle im Umgang mit Widerstand annehmen:
  Schulleiterinnen und Schulleiter müssen den Widerstand erkennen, die Ursachen dafür aufdecken und dann gezielt auf den Widerstand eingehen. Dies ist eine Führungsaufgabe.
  Schwierig ist dies natürlich, wenn die Schulleiterin oder der Schulleiter selbst im Veränderungsprozess kaum weiter ist als die Lehrkräfte. Hier ist es äußerst unterstützend, wenn man mit anderen Schulleitungen in einem Netzwerk arbeitet und dort Ansprechpartner suchen kann, um die eigenen Ängste und Sorgen zu thematisieren. Auch denkbar wäre, sich an einen Coach zu wenden – ein Unterstützungssystem, das man allen Schulleiterinnen und Schulleitern nur wünschen kann.
- Antworten auf die wichtigsten Fragen der Mitarbeiter haben:
  Hierbei ist es von Bedeutung, sich in die Lehrkräfte hineinzuversetzen, um mögliche Fragen zu antizipieren und bereits Antworten auf diese vorzuformulieren. Wirken die Antworten der Schulleitung unglaubwürdig, wird dies den Widerstand vermutlich nur verstärken. Der Austausch in einem Leitungsteam oder vielleicht auch mit dem Personalrat oder der Schulaufsicht ist hier im Vorfeld ratsam.
- Den Widerstand an den Symptomen erkennen:
  Die Symptomatik eines Widerstands kann viele Facetten zeigen. Nicht jedes Verhalten, das ungewöhnlich erscheint, muss zwangsläufig ein Symptom sein. Als Hilfestellung soll folgende Auflistung dienen, die Eike Wagner in Anlehnung an Doppler und Lauterburg (2014) erstellt hat.

	reden	nicht reden
angreifen	• sagen, dass man nicht einverstanden ist • dagegen argumentieren • Vorwürfe machen • polemisieren • drohen	• sich aufregen • Unruhe verbreiten • sich streiten • sich an Gerüchten beteiligen • Cliquen bilden
zurückziehen	• Gesprächen ausweichen • schweigen • blödeln, anstatt sich ernsthaft auseinanderzusetzen • ins Lächerliche ziehen • Unwichtiges debattieren	• sich lustlos oder müde fühlen • unaufmerksam sein • Besprechungen oder der Arbeit fernbleiben • innerlich kündigen • krank werden

- Den Dialog mit den Mitarbeitern suchen:
Schulleiterinnen und Schulleiter sollten Lehrkräfte oder auch Teammitglieder ermutigen, ihre Sorgen und Ängste zu äußern. Das gelingt am ehesten im persönlichen Gespräch. Hier ist es ebenfalls sinnvoll, die Lehrkräfte im Kollegium identifiziert zu haben und anzusprechen, die positiven Einfluss auf andere haben und deren Ängste beruhigen können. Die Personalräte sind hierbei oft gute Ansprechpartner. In dieser Phase kann es entlasten, wenn sich das Leitungsteam in der Herangehensweise einig ist und sich die Gespräche auf mehrere Schultern verteilen.
- Die Ursachen für den Widerstand herausfinden:
Zu der Frage, wie Widerstand entsteht, führen Doppler und Lauterburg in ihrem auch im Hinblick auf Konfliktbearbeitung und Kompetenzen von Führungspersönlichkeiten absolut lesenswerten Buch „Change Management. Den Unternehmenswandel gestalten“ drei Gründe an:
  - „Der oder die Betroffene haben die Ziele, die Hintergründe oder die Motive einer Maßnahme nicht verstanden.
  - Die Betroffenen haben verstanden, worum es geht, aber sie glauben nicht, was man ihnen sagt.
  - Die Betroffenen haben verstanden und sie glauben auch, was gesagt wird, aber sie wollen oder können nicht mitgehen, weil sie sich von den vorgesehenen Maßnahmen keine positiven Konsequenzen versprechen.

Der dritte und letzte Punkt ist der häufigste und schwierigste. Negative Erwartungen können nämlich weder durch zusätzliche Erklärungen noch durch gut gemeinte Beteuerungen aus der Welt geschafft werden.“ (Doppler/Lauterburg 2014, 355)

Letzten Endes geht es darum, zu jedem Mitarbeiter einen Zugang zu finden, um den Widerstand abzubauen. Das ist vermutlich die schwierigste Aufgabe, gerade wenn man z. B. an große Gesamtschulen oder berufliche Systeme denkt. Hier kann man nur im Team erfolgreich mit Widerständen umgehen.

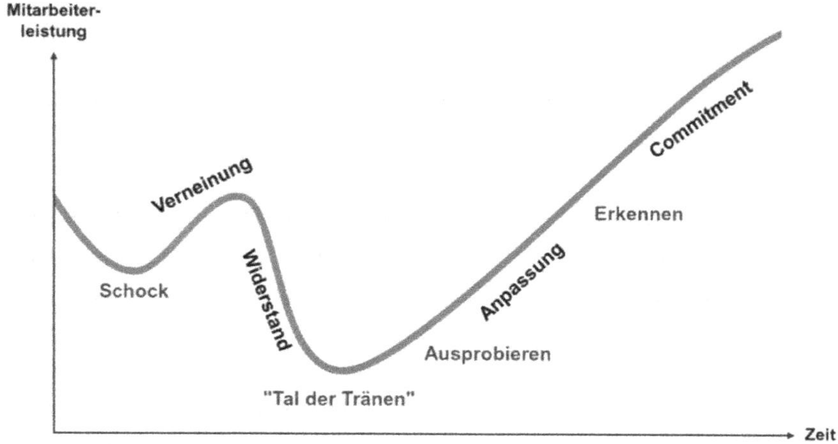

http://blog.setzwein.com/wp-content/uploads/2011/03/Change-Curve.png. 28.08.2017

Abb. 13: Phasen in Veränderungsprozessen nach Elisabeth Kübler-Ross

Noch ein abschließender Hinweis zur Kommunikation über Widerstände: Die Ursachen für Widerstand können, wie bereits verdeutlicht, höchst unterschiedlich sein. Befinden sie sich auf der Ebene der Emotionen, sind sie besonders schwierig zu erfragen. Häufig fühlen sich Lehrkräfte in der Konfrontation mit einer Veränderung nicht gut, können aber nicht genau benennen, woran das eigentlich liegt. In solchen Konstellationen hilft es, nicht mit struktureller Macht, Anweisungen oder dem Verweis auf die Dienstordnung zu reagieren. Das wird die Widerstände nur verstärken und führt gegebenenfalls zu Konflikten, die hohe Kosten für das ganze System verursachen werden.

Philipp, Elmar/Rademacher, Helmolt 2002: Konfliktmanagement im Kollegium. Arbeitsbuch mit Methoden und Modellen. Weinheim.

Herrmann, Dorothea 2006: Konflikte managen. In: Buchen, Herbert/Rolff, Hans-Günter (Hg.): Professionswissen Schulleitung. Weinheim.

Doppler, Klaus/Lauterburg, Christoph 2014: Change Management. Den Unternehmenswandel gestalten. Frankfurt/M.

Teamentwicklung

Befragt man Lehrkräfte nach ihren Wünschen und Vorstellungen, kommt spätestens an dritter oder vierter Stelle der Wunsch nach mehr Kooperation. Dies ist kein neues Phänomen und dennoch merkwürdig, denn warum arbeiten sie nicht einfach im Team? Es gibt irrationale Gründe, die gegen Teambildung vorgebracht werden. „Ich arbeite lieber für mich“, dies spiegelt eine Haltung wider. „Mit Herrn X kann man doch sowieso nicht zusammenarbeiten.“ Hier wird ein Vorurteil vorgeschoben.

Es gibt allerdings sehr ernst zu nehmende Gründe, warum Lehrkräfte nicht zusammenarbeiten wollen oder können. Dazu gehört, dass ihnen im Vorfeld nicht klar ist, was das Team eigentlich leisten soll. Sie sind der Auffassung, Aufwand und Ergebnis stehen in keinem lohnenswerten Verhältnis. Und, wie so oft, stellt sich die Frage: Woher soll ich die Zeit auch noch für diese Arbeit nehmen? Hier eine akzeptable Antwort zu finden, wenn diese Frage von einer Lehrkraft gestellt wird, die an einer hessischen Grundschule 28,5 Stunden unterrichtet und durch eine doppelte Klassenführung zusätzlich belastet ist, wird schwerfallen. Da gehen zunächst einmal jeder Schulleiterin bzw. jedem Schulleiter schnell die Argumente aus.

Ohne Teams können Systeme nicht effektiv arbeiten. Die Aufgaben sind zu komplex und die Herausforderungen zu schwierig, um sie auf Dauer im Alleingang lösen zu können. Zunehmend heterogene Klassen erfordern multiprofessionelle Teams. Gerade inklusiver Unterricht kann nur gelingen, wenn Lehrkräfte, Sonderpädagogen, Sozialarbeiter und Schulpsychologen zusammenarbeiten, um die lerngruppenbezogenen Herausforderungen anzunehmen und gemeinsam Konzepte zu erarbeiten. Das Arbeiten in Teams ist daher von elementarer Bedeutung für Schulentwicklungsprozesse und Unterrichtsentwicklung.

Was spricht für Teams?

- Aufgrund einer effektiven Arbeitsstruktur können Teams besser auf Veränderungen reagieren.
- Unterschiedliche Lehrkräfte führen ihr Wissen und ihre Erfahrungen zusammen und schaffen somit synergetische Effekte.

- Die Lehrkräfte stellen sich gemeinsam Herausforderungen, die durch Kreativität und zielgerichtetes Arbeiten gemeistert werden.
- In Teams werden Informationen zusammengetragen und gemeinsam genutzt.
- In einem Team werden Vorgehensweisen entwickelt, die in der Regel rasch zur Lösung von Problemen führen.
- Teams nutzen effizient ihre Entscheidungsfreiräume, um Vorhaben eigenständig umzusetzen.
- In Teams entsteht ein Gefühl des „Miteinanders", das auf gegenseitiger Unterstützung und Anerkennung der geleisteten Arbeit gründet.
- Teams identifizieren sich weitgehend mit ihrer Schule.
- Lehrkräfte werden auf Dauer in ihrer Arbeit bestärkt und entlastet.

Worin unterscheiden sich Teams?

- Es gibt Teams, deren gemeinsame Arbeit auf einen längeren Zeitraum, meist über Jahre hinweg, angelegt ist. Dazu gehören Jahrgangsteams, Klassenteams, aber auch Teams in den Fachkonferenzen. Sie bekommen durch die Schulleiterin bzw. den Schulleiter möglichst großen Handlungs- und Entscheidungsspielraum.
- Es gibt allerdings andere Teams, deren Zusammenarbeit durch einen festgelegten Zeitrahmen begrenzt ist. Das sind in der Regel Projektgruppen, die einen klar umrissenen Auftrag haben (z. B. Entwicklung eines Konzepts für den Ganztagsunterricht oder für den Förderunterricht) und von denen erwartet wird, dass zu einem bestimmten Zeitpunkt Arbeitsergebnisse vorliegen.

Wann funktionieren Teams?

- Teams brauchen einen (z. B. durch die Gesamtkonferenz) legitimierten Auftrag, verbunden mit klaren Zielen.
- Teams müssen mit notwendigen Ressourcen ausgestattet sein (Zeit und, falls notwendig, auch finanzielle Mittel).
- Der Auftrag für das Team muss vorab auf seine Sinnhaftigkeit und Machbarkeit geprüft werden.

Dabei helfen SMARTE Ziele:
- Sie sind schriftlich festgehalten,
- sie sind messbar,
- sie sind von allen Beteiligten akzeptiert,
- sie sind realistisch und
- sie sind zeitlich terminiert.

Elmar Philipp führt diese drei Dimensionen in seinem Buch „Multiprofessionelle Teamentwicklung“ (2014) zusammen. Wir haben sie durch eine vierte Dimension, Teamressourcen, ergänzt. Ein Team kann auf Dauer nicht ohne ausreichend zur Verfügung stehende Ressourcen erfolgreich arbeiten. Neben der Ressource Zeit, die wohl wichtigste, sind auch Mittel für die Anschaffung von Literatur und die Übernahme von Reisekosten für eine Hospitation an einer anderen Schule oder Bildungseinrichtung nötig.

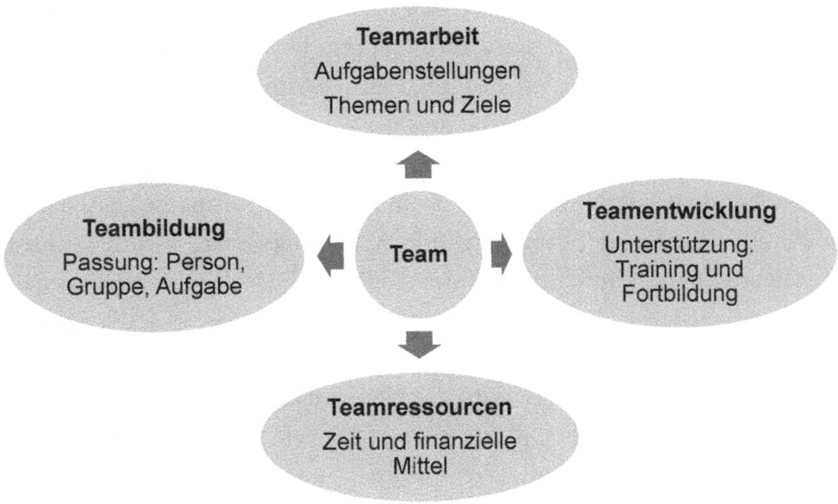

Abb. 14: Team

Teams laufen nicht von „alleine“. Sie durchlaufen Entwicklungsphasen und müssen auch mit Rückschlägen rechnen.

Zu den klassischen Phasen der Teamentwicklung gehören:

- *Orientierungsphase:* Die Teammitglieder formulieren ihren Arbeitsauftrag und die damit verbundenen Ziele, klären die Arbeitsbedingungen und verständigen sich über Protokollführung, Dokumentation und Sitzungstermine.

- *Konfliktphase:* Erste unterschiedliche Auffassungen und Positionen werden deutlich, die zu einer Polarisierung zwischen den Teammitgliedern führen. Teamentwicklungsprozesse brauchen jedoch Zeit. Sie zu verkürzen würde bedeuten, dass ungeklärte Fragen und Probleme als „heimliche" Tagesordnung latent vorhanden sind und eine erfolgreiche Arbeit immer wieder stören.
- *Organisationsphase:* Das Team geht in eine Sortierungsphase. Es wird geklärt, welche Fragestellungen in welchen Zusammenhängen und in welcher Reihenfolge bearbeitet werden sollen. Durch diese ersten konstruktiven Vereinbarungen werden unterschiedliche Interessen abgeglichen, eine erste Kooperationsstruktur entsteht. Für das Team kristallisieren sich die unterschiedlichen Kompetenzen der einzelnen Mitglieder heraus.
- Die unterschiedlichen Kompetenzen und Fähigkeiten der Teammitglieder greifen ineinander. Es folgen kreative und ergebnisorientierte Phasen, in denen erste „Produkte" entstehen. Das Team gewinnt an Schwung und entwickelt ein eigenes Selbstverständnis der Zusammenarbeit.

Es ist nicht empfehlenswert, „Teamentwicklung" aus dem Stand zu betreiben. Vor allem dann nicht, wenn diese Kultur der Zusammenarbeit bislang gar nicht oder nur bedingt gepflegt wurde. Erfahrungsgemäß wird das Thema Teamentwicklung zunächst auf Widerstand stoßen. Umso mehr ergibt sich die Notwendigkeit, sehr überlegt vorzugehen. Wenn ausschließlich die Schulleiterin bzw. der Schulleiter dieses Thema predigt und missionarisch angelegte Überzeugungsarbeit betreibt, wird das Unterfangen mit großer Wahrscheinlichkeit schiefgehen. Es empfiehlt sich, professionelle Unterstützung durch erfahrene Fortbildner und Trainer in Anspruch zu nehmen.

Am Ende sollte auf jeden Fall als Ergebnis des Entwicklungsprozesses stehen: „Gemeinsam erreicht jeder mehr" (Philipp 2014, 17).

Abb. 15: Gemeinsam mehr erreichen

Von „tu du“ zu „to do“ – Schulleitungsteam als Vorreiter

Die Arbeitsweise von Schulleitungen hat Vorbildcharakter für das Kollegium. Eine Schulleitung, deren Arbeit stark fragmentiert ist, wird nicht erfolgreich kohärent arbeiten und Schulentwicklungsprozesse gestalten können. Leitungsteams sollten also nicht nach dem Motto „tu du mal“ agieren, sondern eher mit dem Blick auf zu erledigende Aufgaben – „to do“ –, um gemeinsam zu überlegen, wer sich im Schulleitungsteam unter Zuarbeit der anderen Leitungsmitglieder eines Themas annimmt.

Was gute Schulleitungsarbeit auszeichnet:

- Sie hat die organisatorisch-bürokratische Arbeit im Blick und stellt die Schul- und Unterrichtsentwicklung ins Zentrum gemeinsamer Überlegungen.
- Sie generiert Konzeptvorschläge und schafft verlässliche Arbeitsstrukturen für die Lehrkräfte.
- Sie bezieht bei Bedarf andere Verantwortungsträger, z. B. die Vorsitzenden der Fachkonferenzen, in ihre Arbeit ein.
- Sie „durchspielt“ in Krisensituationen bestimmte Szenarien und sucht gemeinsam nach Lösungen.
- Sie gibt sich durch eine sinnvolle Aufgabenverteilung eine Arbeitsstruktur.
- Sie gibt sich einen Geschäftsverteilungsplan, der dann eben nicht nur eine Auflistung von Zuständigkeiten ist. Er weist die Verantwortlichkeiten und die damit verbundenen Entscheidungsbefugnisse der einzelnen Mitglieder der Schulleitung aus. So wird auch nach außen das „Qualitätsbündel“ einer Schulleitung sichtbar.

Auf Basis der oben genannten Punkte kann sich Vertrauen, Verlässlichkeit und Wertschätzung unter den handelnden Personen entwickeln.

Schulleitungsteams treffen sich zu einem festgelegten Zeitpunkt einmal die Woche.

Zu den regelmäßigen Themen gehören:

- Rückblick auf die vergangene und Ausblick auf die kommende Woche
- Planung des Haushalts und Budget- bzw. Ausgabenübersicht
- Planung von Besprechungen und Konferenzen
- Befassung mit Anliegen der Schüler- und Elternvertretung

- Personalangelegenheiten
- Überlegungen zur Bildung von Lerngruppen und Übernahme von Klassenführungen
- Anliegen im Zusammenhang mit Ministerium und Schulaufsicht
- Anliegen im Zusammenhang mit dem Schulträger
- Vorbereitung von Schulveranstaltungen
- Überprüfung von Projektvorhaben und der Arbeit von einzelnen Teams
- Behandlung von gravierenden Beschwerden und Konflikten
- Befassung mit Baumaßnahmen
- Besprechung von Schulentwicklungsvorhaben

Es ist ratsam, bei Bedarf zu den einzelnen Tagesordnungspunkten „Fachleute" hinzuzubitten (Verantwortliche für einzelne Projektvorhaben).

Ein praktischer Hinweis zum Schluss: Von allen Schulleitungssitzungen muss ein Kurzprotokoll verfasst werden, das noch während der Besprechung nach folgender Struktur erstellt werden kann.

Thema	Was muss getan werden?	Wer?	Bis wann?	Anmerkungen
...	...	...	...	...

Philipp, Elmar 2014: Multiprofessionelle Teamentwicklung. Weinheim.

Schley, Wilfried 1998: Teamkooperation und Teamkooperation in der Schule. In: Altrichter, Herbert u. a. (Hg.): Handbuch zur Schulentwicklung. Innsbruck.

Projektablaufpläne

Das Schulprogramm bildet das Gerüst für die strategische Planung einer Schule im Zeitraum von zwei bis drei Jahren. Damit die dort formulierten Ziele erreicht werden können, empfiehlt sich die Nutzung einer Planungshilfe. In der Literatur finden sich verschiedene Planungshilfen, die vom Masterplan über den Projektplan bis hin zum stark ausdifferenzierten Einzelplan eines Projektes führen und in dem Ziele, Themen, Verantwortliche, Ressourcen bis hin zur Arbeit von Arbeitsgruppen benannt sind. Es gibt allerdings aus sehr unterschiedlichen

Gründen kaum eine, vor allem keine kleineren Schulen, die sich eines solchen Planes bedienen. Wir haben bereits darauf hingewiesen, dass in Schulen viele gut gemeinte Initiativen und Projekte versickern, weil sie nicht zielführend geplant werden und sich folglich kaum jemand dafür verantwortlich fühlt.

Der Erfolg von Projekten ist im Wesentlichen von der vom Kollegium wahrgenommenen Veränderungsnotwendigkeit und dem damit verbundenen Problembewusstsein sowie der Erfolgszuversicht abhängig. Sind diese Voraussetzungen nicht gegeben, wird die erfolgreiche Umsetzung eines Vorhabens nur mit erheblichen Schwierigkeiten und Widerständen möglich sein. Deswegen ist es notwendig, dass die Machbarkeit von allen Beteiligten realistisch eingeschätzt wird. Dazu eignet sich eine SWOT-Analyse. Danach muss gegeben sein, dass ...

- eine große Mehrheit des Kollegiums hinter dem Projekt steht;
- die Ziele eindeutig formuliert sind;
- ausreichend Ressourcen zur Verfügung stehen;
- die Verantwortlichen benannt sind;
- Projekte je nach Größe der Schule durch die Schulleitung oder eine Gruppe gesteuert werden;
- ein Zeitrahmen für die Planung, Durchführung und Evaluation festgelegt ist.

Die Schulleiterin bzw. der Schulleiter sollte folglich das sogenannte „magische Dreieck“ des Projektmanagements im Blick haben.

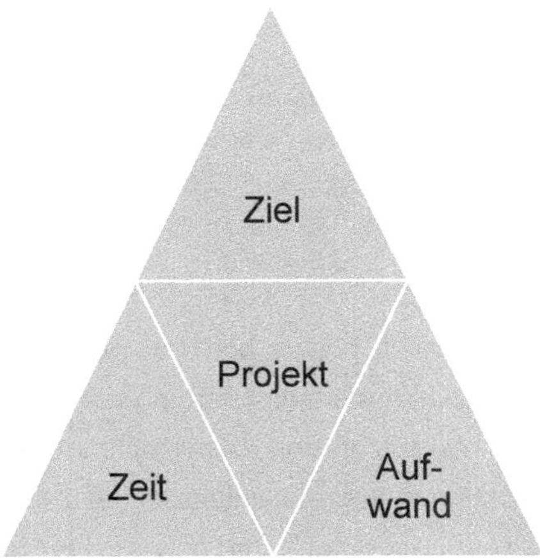

Abb. 16: Projekt

Wir legen hier keinen der reinen Lehre entsprechenden Masterplan oder dem Projektmanagement entsprechenden Ablaufplan vor. Der von uns verwendete Projektablaufplan (PaP) leistet Folgendes:

- Der PaP zeigt die Entwicklungsstränge und die damit verbundenen Themen einer Schule auf. Grundlage ist das Schul- bzw. Arbeitsprogramm. Er bindet und bündelt die vorhandenen Ressourcen und grenzt spontane „Eingebungen“ und Ideen nach dem Motto: „Wir könnten doch mal …“ stark ein und schafft damit eine große Verbindlichkeit und Identifikation im gemeinsamen Handeln.
- Der PaP zeigt die einzelnen Arbeitsschritte auf; die damit verbundenen Inhalte sind für alle Beteiligte transparent.
- Der PaP weist die Aufgabenverteilung aus, nennt die Zuständigen für die Koordination und Steuerung sowie die Verantwortlichen für Entscheidungen. In unserem Beispiel sind das die Fachkonferenzen und Projektteamleitungen sowie der Studienleiter als Vertreter der Schulleitung.
- Der PaP weist die Abfolge von Maßnahmen aus; Abweichungen können dadurch korrigiert werden.
- Der PaP weist die zeitlichen Vorgaben aus und ist somit eine Orientierungshilfe für den Sitzungsplanung einzelner Arbeitsgruppen.
- Der PaP ist ein Führungsinstrument für die Schulleiterin bzw. den Schulleiter. Qualitätsentwicklung und Schulentwicklungsprozesse können dadurch besser gesteuert werden.
- Bei der Erstellung sollten vier Phasen durchlaufen werden.

Abb. 17: Projektphasen

  - Das Projekt ist inhaltlich präzise benannt und die Ziele sind eindeutig formuliert. Dies ist Grundvoraussetzung, damit jedem Beteiligten definitiv klar ist, um was es geht, und damit nicht an unterschiedlichen Stellen erneut Diskussionen über die eigentliche Arbeit stattfinden.
  - Alle Planungen werden sorgfältig und präzise vorgenommen. Dies bedeutet vor allem, genügend Zeit in dieser Phase einzuplanen. Befindet sich

ein Projekt in der Umsetzungsphase, werden Planungsfehler schnell zu großen Hindernissen und wirken vor allem demotivierend auf die Lehrkräfte.

- Die Umsetzungsphase ist in der Regel gleichzusetzen mit der Implementierung der Maßnahme in den Unterricht.
- Nach der Umsetzungsphase erfolgt der Abschluss in Form einer Evaluation. Danach können gegebenenfalls Korrekturen am Konzept vorgenommen werden und somit ist der erste Schritt zur Nachhaltigkeit getan.

Wir stellen an einem Beispiel einen Grobentwurf eines PaP an einem Gymnasium vor. Dieses Projekt hat folgendes Ziel: Die Schülerinnen und Schüler können am Ende der Einführungsphase Notebooks selbstorganisiert als Arbeitsgeräte nutzen und beherrschen fachspezifische Anwendungen.

Zeit / Fach	Oktober	November	Dezember	Januar bis April	Mai und Juni
Mathematik	Fachkonferenz: Vereinbarung verbindlicher Inhalte	Projektteam: Konzeption einer Unterrichtseinheit	Fachlehrer: Durchführung der Unterrichtseinheiten	Projektteam: Evaluation der Ergebnisse der Unterrichtseinheiten	Fachkonferenz: Diskussion der Ergebnisse; Modifizierung der Unterrichtseinheiten
Deutsch	Fachkonferenz: Vereinbarung verbindlicher Inhalte	Projektteam: Konzeption einer Unterrichtseinheit	Fachlehrer: Durchführung der Unterrichtseinheiten	Projektteam: Evaluation der Ergebnisse der Unterrichtseinheiten	Fachkonferenz: Diskussion der Ergebnisse; Modifizierung der Unterrichtseinheiten
Englisch	Fachkonferenz: Vereinbarung verbindlicher Inhalte	Projektteam: Konzeption einer Unterrichtseinheit	Fachlehrer: Durchführung der Unterrichtseinheiten	Projektteam: Evaluation der Ergebnisse der Unterrichtseinheiten	Fachkonferenz: Diskussion der Ergebnisse; Modifizierung der Unterrichtseinheiten

Verantwortlich im Schulleitungsteam für das Projekt: Herr Schnöpsel, Leiter der gymnasialen Oberstufe

Projektteam Mathematik:

Teamleitung: Herr Plus

Teammitglieder: Frau Sinus, Herr Kreis, Frau Gauß

Projektteam Deutsch:

Teamleitung: Frau Droste

Teammitglieder: Herr Thomas, Herr Proost, Frau Schiller

Projektteam Englisch:

Teamleitung: Frau Adel

Teammitglieder: Frau Scheeksbier, Herr Defoh, Herr Örwing

Prozesse müssen an jeder Schule so gestaltet sein, dass ausreichend Zeit zur Planung und Vorbereitung bleibt. Wir sind schon auf die „Makler"-Position der Schulleiterin bzw. des Schulleiters eingegangen. Viele bildungspolitische Vorhaben sind in den vergangenen Jahrzehnten an Schnellschüssen und nicht zu Ende gedachten Konzepten gescheitert. Häufig sind dadurch gute Ideen auf der Strecke geblieben. Und bei allem bildungspolitischen Eifer darf eines nicht vergessen werden: Lehrerinnen und Lehrer haben in der Regel ein gutes Gedächtnis.

Unterrichtsentwicklung

Obwohl sie das Kerngeschäft von Schule darstellt, ist Unterrichtsentwicklung schwierig. Als Folge des „PISA-Schocks" ächzt so manches Kollegium unter den Anforderungen des kompetenz- und „output"-orientierten Unterrichts. Wenn dann auch noch eine kaum zu bewältigende Herausforderung wie die des inklusiven Unterrichts hinzukommt, formieren sich erhebliche Widerstände.

Umso mehr ist Unterrichtsentwicklung die zentrale Aufgabe von Schulleiterinnen und Schulleitern. Alle aus dem ersten Kapitel ableitbaren Kennzeichen einer guten Schulleitung verdeutlichen, welche Voraussetzungen notwendig sind, um dieser Aufgabe gerecht zu werden. Sie sind sozusagen auch die Leitplanken für die Unterrichtsentwicklung.

Die Schulleiterin bzw. der Schulleiter …

- führt und steuert die Schule;
- übernimmt Verantwortung und legt Rechenschaft ab;
- schafft Kooperationsstrukturen, die Teamentwicklung ermöglichen und befördern;
- fokussiert ihre bzw. seine Arbeit auf die Unterrichtsentwicklung und schafft eine dafür klare Organisationsstruktur;

- orientiert sich an den Zielen der Schule;
- etabliert eine transparente Feedback-Kultur inklusive schulinterner Evaluation;
- ermöglicht Partizipation und beachtet Mitbestimmungsrechte.

Ein Parameter für die Unterrichtsentwicklung sind die Bildungsstandards, eine verbindliche Vorgabe der Kultusministerkonferenz der Länder. Auf dieser Grundlage werden in den einzelnen Bundesländern die entsprechenden Curricula erstellt. Bildungsstandards legen fest, was Schülerinnen und Schüler in einer bestimmten Jahrgangsstufe können müssen. Diese Standards korrespondieren wiederum mit vier Kompetenzen.

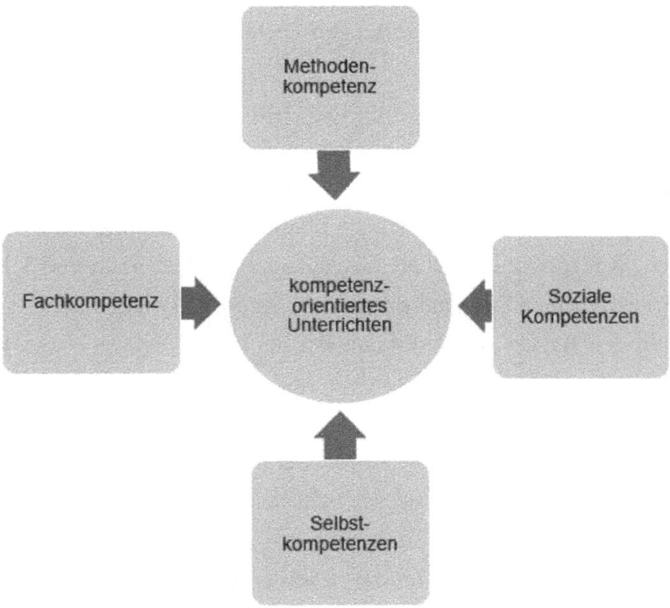

Abb. 18: Kompetenzen

Was bedeutet dies für den Unterricht? Der Blick richtet sich auf die Lernergebnisse, dabei geht es nicht ausschließlich um das angehäufte Wissen, sondern darum, wie mit diesem Wissen in einer bestimmten Situation umgegangen wird. Die Schülerinnen und Schüler sollen auf Gelerntes zurückgreifen können, das Gelernte und neue Kenntnisse in Beziehung zu setzen, um mit den erworbenen Fähigkeiten und Fertigkeiten eigene Lösungswege zu finden. Es geht also darum, den Erwerb von Kompetenzen in Handlungen einzubeziehen.

Testverfahren in Form von Vergleichsarbeiten (IGLU, TIMMS u. a.) überprüfen, ob die Kompetenzen erworben wurden.

Also: „Training for the Test". Um es auf den Punkt zu bringen: „Mit den neuen Bildungsplänen wird ein grundlegender Paradigmenwechsel in den verbindlichen Vorgaben für den Unterricht an unseren Schulen vollzogen: Während frühere Bildungsplangenerationen vorrangig auswiesen, was zu unterrichten ist, schreiben die neuen Bildungspläne vor, welche Kompetenzen Kinder und Jugendliche erwerben müssen. Hiermit wird ein Wechsel von einer Input- zu einer Outputsteuerung vollzogen." (http://www.bildungsplaene-bw.de/,Lde/4560741 28.08.2017)

Dieser einengende Blick auf Unterricht kann nicht zufriedenstellen. Zumal er nicht die zunehmenden Schwierigkeiten expliziert, die sich unter Begriffen wie „Heterogenität", „Integration" und „Inklusion" subsumieren. Das Erreichen von Zielen ist überdies nicht ausschließlich an Fleiß und Lernbereitschaft gebunden. Was spricht eigentlich dagegen, dass Schülerinnen und Schüler mit den Lehrkräften auch Spaß haben und Lernfreude entwickeln? Auf den außerdem wichtigen Aspekt der Anerkennung bei Hilbert Meyer weist Wolfgang Geisler hin. „Zum ‚Lehrer-Berufsethos' zählt Meyer ‚Lob, Selbstachtung, Respekt, Anerkennung, Verantwortung und Fürsorge' als Bestandteile einer ‚demokratischen Unterrichtskultur'. Er rechnet die ‚Kultur der Anerkennung' sowohl zu ‚Führungsinstrumenten' von Schulleitungen wie zu ‚Gelingensbedingungen' von Lehrerkooperation, verstanden als 'Anerkennung individueller Unterschiede in der Berufsausübung" (Geisler 2017, 37).

Wir werden nicht im Detail auf die Dimensionen der Unterrichtsentwicklung eingehen. Das ist auch nicht die Aufgabe dieses Buches. Vielmehr geht es darum, zu verdeutlichen, was Schulleiterinnen und Schulleiter dazu beitragen können, Unterrichtsentwicklung als einen kontinuierlichen Prozess zu gestalten, der zielorientiert angelegt ist und die Lehrkräfte so weit wie möglich einbindet.

Unterrichtsentwicklung zielt auf Veränderungen, die einerseits neueren wissenschaftlichen Erkenntnissen gerecht werden sollen und andererseits Themen aufgreifen, die im Arbeitsprogramm der Schule ausgewiesen sind. Damit gehen auch Anpassungsprozesse an höchst heterogene Klassen und Lerngruppen einher. Wir wissen andererseits, wie stark Lehrkräfte sich an persönlichen Vorstellungen und Erfahrungen orientieren und dass Forschungsergebnisse daher kaum Relevanz für die eigene Unterrichtspraxis haben. Sicherlich verweigern sich Lehrkräfte nicht grundsätzlich Veränderungen. Die werden jedoch vor allem dann gefordert, wenn sie sich überfordert und alleingelassen fühlen. Aktuell zeigt sich dies beim Thema „Inklusion". Da hilft auch der Hinweis nicht viel, dass es noch viele Jahre dauert, bis diese nachhaltig im Unterricht verankert ist. Lehrkräfte brauchen in solch schwierigen Situationen vor allem Unterstützung und nach Möglichkeit Entlastung. Spätestens an dieser Stelle ist die Schulleiterin bzw. der Schulleiter gefragt.

Klare Ansage

Für Schulleiterinnen und Schulleiter ist es (vor allem, wenn sie neu im Amt sind) ratsam, dem Kollegium im Rahmen einer „Regierungserklärung" die zentrale Bedeutung der Unterrichtsentwicklung für das eigene Leitungshandeln deutlich zu machen. Das wird sicherlich nicht auf Unverständnis stoßen, es muss aber deutlich werden, was dies im Detail meint. Mit Blick auf die internationale Schulforschung zeigt Bonsen (2009, 53) die Anforderungen an „unterrichtswirksame" Schulleitungen auf.

- „Sie richten die Aufmerksamkeit in der Schule mehr auf den Unterricht." – Unterrichtsentwicklung geht vor Verwaltungsaufgaben
- „Sie werden in Unterrichtsfragen anerkannt und mischen sich ein." – Unterrichtsbesuche und Unterrichtsberatung
- „Sie fördern unterrichtsbezogene Lehrerkooperation." – Teamentwicklung
- „Sie fördern die Professionalisierung der Lehrerinnen und Lehrer." – Unterstützung und Fortbildung

Mit diesen Anforderungen verknüpfen sich für die Schulleiterin bzw. den Schulleiter Handlungsoptionen und die Verpflichtung, ihr bzw. sein „Versprechen" einzulösen. Wir haben festgestellt, dass neue Schulleiterinnen und Schulleiter dabei meist in drei Schritten vorgegangen sind:

- Sie nahmen erstens Einblick in die schulinternen Curricula;
- sie informierten sich zweitens in Gesprächen mit den Leiterinnen und Leitern über die Fachkonferenzarbeit;
- sie verschafften sich drittens Eindrücke über die unterrichtliche Arbeit durch erste Unterrichtsbesuche.

Dieses Vorgehen ist, wie man sich leicht denken kann, vor allem beim dritten Schritt nicht unproblematisch und hat sicherlich so manchen Widerstand hervorgerufen. Unterrichtsbesuche werden von Lehrkräften bis heute meist als Kontrolle verstanden. Es gibt aber in jedem Kollegium Lehrkräfte, die damit keine Probleme haben. Bei denen fängt man am besten an.

Oje – Unterrichtsbesuche

Wichtig ist es, im Rahmen einer Konferenz das Vorhaben „Unterrichtsbesuche" ausführlich zu erläutern, zu diskutieren und allen Bedenken sowie Widerständen Raum zu geben. Dabei sollte offengelegt werden, welche Bereiche beobachtet werden. Diese können in einem Vorgespräch durch die betreffende Lehrkraft noch ergänzt werden. Meistens wünschen sich die Lehrkräfte die Beobachtung einer einzelnen Schülerin oder eines Schülers, deren bzw. dessen Verhalten sie während des Unterrichts nur schwer einschätzen können.

Für die Unterrichtsbeobachtung bietet sich als Orientierung der jeweilige Referenzrahmen „Schulqualität" der einzelnen Bundesländer an. Wir orientieren uns am hessischen Referenzrahmen. Der Qualitätsbereich „Lehren und Lernen" weist vier Dimensionen aus.

Im Rahmen der Schulinspektionen wurden entsprechende Unterrichtsbeobachtungsbogen entwickelt, die für die Unterrichtsbeobachtungen durch die Schulleiterin bzw. den Schulleiter hilfreich sind. Diese Fragebogen sollten nicht als Ganzes eingesetzt werden, sondern auf einige der Kriterien begrenzt werden. Dadurch wird der Fokus des Unterrichtsbesuchs deutlich, die Vorbereitung der Lehrkraft erleichtert und die Nachbesprechung klar strukturiert. Wenn im Vorfeld diese Vorgehensweise im Rahmen einer Gesamtkonferenz erläutert und damit transparent gemacht wurde, werden damit auch einige Bedenken ausgeräumt. Lädt die Schulleiterin bzw. der Schulleiter die Lehrkräfte zum Besuch des eigenen Unterrichts ein, so ist dies sicherlich ein positives Si-

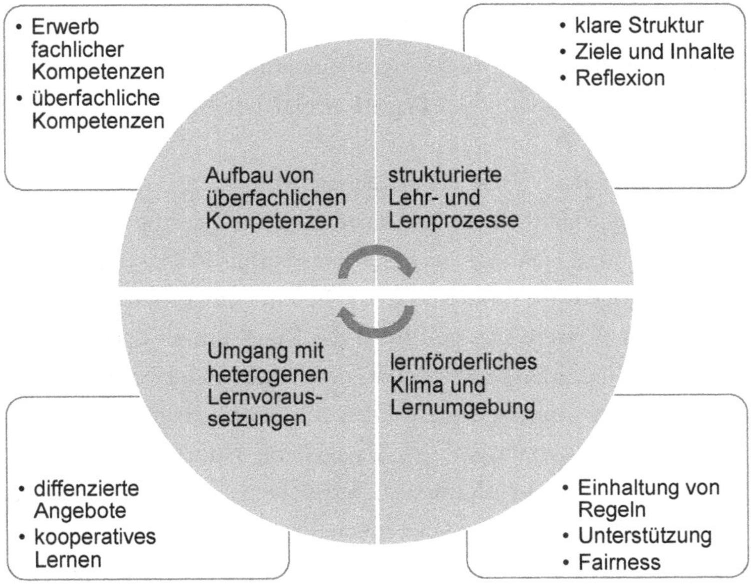

Abb. 19: „Lehren und Lernen" – vier Dimensionen

gnal an das Kollegium. Wie ein Unterrichtsbeobachtungsbogen aussieht, zeigt das folgende Beispiel. (https://la.hessen.de/irj/servlet/prt/portal/prtroot/slimp.CMReader/HKM_15/LSA_Internet/med/3a5/3a5557d7-d2d9-b417-9cda-a2b417c0cf46,22222222-2222-2222-2222-222222222222 24.03.2017)

Überfachliche Kompetenzen
Der Unterricht enthält Lerngelegenheiten zur Förderung sozialer Kompetenz.
Der Unterricht enthält Lerngelegenheiten zur Förderung personaler Kompetenz.
Der Unterricht enthält Lerngelegenheiten zur Förderung von Lern- und Arbeitskompetenz im Bereich der Methoden.
Reflexion
Die Lehrkraft regt die Schülerinnen und Schüler (z. B. durch Reflexions-/Rückfragen) an, ihre Lernprozesse zu reflektieren.
Die Lehrkraft regt die Schülerinnen und Schüler (z. B. durch Reflexions-/Rückfragen) an, ihre Lernergebnisse zu reflektieren.
Materialien zur Unterstützung der Reflexion werden eingesetzt (z. B. Selbstkontrollblatt, Bewertungsbogen, Lernjournal, Lerntagebuch).

Fachkonferenzen – „die schlafenden Elefanten“

So liest man es oft in der einschlägigen Literatur, variiert durch den Begriff „schlafende Riesen“. Kommt der Begriff „schlafende Elefanten“ von ungefähr oder ist da was dran?

Dazu erst einmal ein Zitat aus berufenem Munde:

„Elefanten sind Herdentiere und leben meist in einer Gruppe von ca. 30 Elefanten. Die Elefantenherde wird in den meisten Fällen von einer älteren Elefantenkuh angeführt. Die Leitkuh hat ein sehr gutes Gedächtnis und kennt alle Futter- und Wasserplätze und führt das Rudel immer dort hin. Die Elefanten haben ein sehr ausgeprägtes Sozialverhalten. Die Herde beschützt alle Jungtiere, verletzte und alte Tiere werden von der Herde ebenfalls geschützt. Die Elefanten sind gutmütige Tiere, da sie keine natürlichen Feinde haben, was bei dieser Größe kein Wunder ist. Ferner besitzen sie ein gutes Gedächtnis. Elefanten können sich über Jahre hinaus an Vorfälle, Feinde, Essens-, Wasserplätze oder andere Umstände erinnern.“ (http://www.elefanten-welt.de/verhalten.htm 28.8.2107)

Uns liegt es fern, Fachkonferenzen mit Elefantengruppen oder gar Menschen mit Tieren zu vergleichen. Allerdings haben Elefantengruppen Eigenschaften, die durchaus auf große Fachschaften zutreffen.

- Den Fachkonferenzvorsitz hat oft über Jahre eine erfahrene Lehrkraft.
- Die Fachkonferenz ist äußerst gut darüber informiert, wie am besten Mittel für diverse Anschaffungen wie Lehrbücher, Unterrichtsmaterialien, Zuschüsse für Studienfahrten und Ähnliches mehr rekrutiert werden können.
- Alle Lehrkräfte fühlen sich in der Gruppe meist wohl; sie erfahren Hilfe und Unterstützung, wenn dies notwendig ist;
- Die Mitglieder der Fachkonferenz erinnern sich oft auch noch Jahre später daran, wenn sie bei einer Haushaltsplanung aus ihrer Sicht zu kurz gekommen oder gar übergangen worden sind.

Fachkonferenzen haben sich oft verselbstständigt. Dies liegt u. a. daran, dass Schulleiterinnen und Schulleiter die Arbeit in den einzelnen Fachbereichen als „Selbstläufer“ sehen, nach dem Motto: „Das läuft doch eigentlich ganz prima“. Es gibt allerdings auch Schulleiterinnen und Schulleiter, die dafür gesorgt haben, dass im Rahmen von Gesamtkonferenzen die Aufgaben der Fachkonferenzen diskutiert und festgelegt wurden.

- Verständigungen über kooperative Lernformen
- Verabredungen über individuelle Fördermaßnahmen unter Nutzung von bestimmten Diagnoseverfahren
- Entwicklung eines Methodencurriculums
- Beratung der Schulleitung bei der Stundenplangestaltung

Die Schulleiterin bzw. der Schulleiter sitzt an einer Schaltstelle. Wenn sie/er regelmäßig an Fachkonferenzen teilnimmt, sich durch Unterrichtsbesuche einen Überblick über die Arbeit in den Lerngruppen verschafft und auch auf Rückmeldungen von Schülerinnen und Schüler hört, kann sie/er leicht herausfinden, welche Themen in unterschiedlichen „Kreisen“ diskutiert werden und auf diese Weise langsam in die Schule „einsickern“. Genau das kann der Humus für Unterrichtsentwicklung sein, wenn z. B. vielfältiger Unmut von Lehrkräften, Eltern sowie Schülerinnen und Schülern über den sehr differierenden Leistungsstand in den Eingangsklassen der weiterführenden Schulen geäußert wird. Offensichtlich besteht dann ein hoher Handlungsbedarf. Die Schulleiterin bzw. der Schulleiter muss die kursierenden Themen auf den Punkt bringen und in die Fachkonferenzarbeit einfließen lassen. Sie/er ist dafür verantwortlich, dass die Entwicklungsarbeit in den Fachkonferenzen stattfindet und in Schulentwicklungsprozesse mündet. Die Mitglieder einer Fachkonferenz können professionell konzeptionelle und praktische inhaltliche Schwerpunkte zusammenbringen. Sie können qualifiziert Unterrichtsergebnisse und Leistungsüberprüfungen analysieren und reflektieren, um die daraus resultierenden Erkenntnisse in Lehr-Lernprozesse einfließen zu lassen.

Wie jede Maßnahme unterliegt auch die Unterrichtsentwicklung einem Qualitätszyklus. Für die Schulleiterin bzw. den Schulleiter bedeutet das, …

- vorhandene Daten (schulinterne Curricula, Methoden, Fördermaßnahmen u. a.) zu analysieren und Rückmeldungen der Lehrkräfte aus den Feedback-Gesprächen zu berücksichtigen;
- Entwicklungsvorhaben z. B. auf Fachkonferenzebene gemeinsam festzulegen;

- Ziele für die Entwicklungsvorhaben festzulegen;
- Durchführungsmaßnahmen zu konzipieren, umzusetzen und zu evaluieren.

Nachhaltigkeit schaffen – „Innenarchitektur“ für Unterrichtsentwicklung

Unterrichtsentwicklung findet, wenn überhaupt, nicht ausschließlich in den Fachkonferenzen statt. Die einzelnen Lehrkräfte, Klassenkonferenzen und Jahrgangsteams sind immer vorgeschaltet. Hier werden vor allem Vereinbarungen über Inhalte, Methoden, Arbeitstechniken und Absprachen über die Gestaltung von Lernkontrollen oder Klassenarbeiten getroffen. Diese Form der Kooperation hat sich aus Sicht der Lehrkräfte oft über Jahre bewährt. An dieser Stelle werden eine Menge Erfahrung und Bewährtes gebündelt, was nicht per se etwas Schlechtes ist. Lehrkräfte brauchen Routinen für ihre Unterrichtsplanung. Sie bringen Sicherheit im Unterrichten und schaffen gleichzeitig Entlastung. Diese Erfahrungen und Erkenntnisse müssen im Gesamtkollegium ausgetauscht werden. Plattformen dafür sind Konferenzen oder auch pädagogische Tage, um so gemeinsame Prozesse für die Unterrichtsentwicklung zu initiieren. Fragmentiertes Arbeiten hilft auf Dauer nicht. Umso mehr steht die Schulleiterin bzw. der Schulleiter in der Verantwortung, eine stabile „Innenarchitektur“ für Unterrichtsentwicklung zu schaffen. Gemeinsames Arbeiten an ein, zwei Schwerpunktthemen wird arbeitsteilig in einem überschaubaren Zeitraum zu Erfolgen führen. Ein zu bearbeitendes Thema betrifft unserer Meinung nach ohnehin fast jede Schule: die Inklusion.

Und es gilt, die zentralen Vorgaben umzusetzen. Abbildung 21 stellt dar, wie eine Innenarchitektur für Unterrichtsentwicklung aussehen kann. Sie zeigt, in Anlehnung an Hans-Günter Rolff (Horster/Rolff 2001, 62), insbesondere auf, dass der kontinuierliche Entwicklungsprozess immer auch die Synchronisation zentraler Vorgaben und innerschulischer Entwicklung beachten muss. Diese notwendige Synchronisation kann nur gelingen, wenn die Schulleiterin bzw. der Schulleiter die Zusammenarbeit mit den Fachkonferenzen als einen Schwerpunkt der Unterrichtsentwicklung versteht.

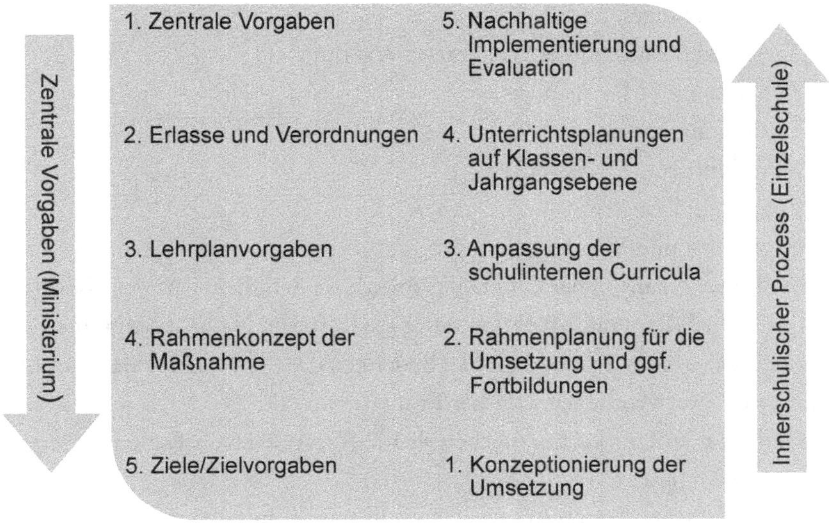

Abb. 20: Synchronisation von Entwicklungsprozessen

Meyer, Hilbert 2015: Unterrichtsentwicklung. Berlin.

Rolff, Hans-Günter u.a.(Hg.) 2009: Unterrichtsentwicklung – Eine Kernaufgabe der Schule. Köln.

Evaluation – nein, danke!?

Das System Schule ist facettenreich. Um es zu erfassen, gibt es in den einzelnen Bundesländern Referenzrahmen, in denen Qualitätsbereiche beschrieben sind. Diese Qualitätsbereiche sind Grundlage der externen Evaluation (Schulinspektion), sie sind aber auch Matrix für pädagogische Qualitätsentwicklung in der Einzelschule und können dementsprechend für die interne Evaluation genutzt werden. Im Kern geht es um eine Antwort auf die Frage: „Was ist eine gute Schule?".

Der „Hessische Referenzrahmen Schulqualität" weist folgende Qualitätsbereiche aus:

- Voraussetzungen und Bedingungen
- Ziele und Strategien der Qualitätsentwicklung
- Führung und Management
- Professionalität
- Schulkultur
- Lehren und Lernen
- Ergebnisse und Wirkungen

Nach Einschätzung vieler Schulleiterinnen und Schulleiter ist der „Blick von außen" durch die Schulinspektion durchaus hilfreich. Nicht auszuräumen sind dagegen die nach wie vor die großen Bedenken der Lehrkräfte. Ihnen erschließe sich die Notwendigkeit externer Evaluation nicht.

Befragt man Lehrkräfte, machen sie die Akzeptanz von Evaluationsergebnissen abhängig von ...

- der praktischen Bedeutung der Ergebnisse im Schulalltag;
- dem konkreten Nutzen für die Umsetzung im Unterricht;
- der Glaubwürdigkeit und somit Nachvollziehbarkeit der Ergebnisse;
- der überzeugenden Anregung für die eigene Weiterqualifizierung.

Damit kein Missverständnis entsteht: Wir sind überzeugt davon, dass ohne Evaluation zielgerichtete und erfolgreiche Schulentwicklungsarbeit nur sehr bedingt möglich ist. Evaluation ist eine Form des Feedbacks. Auch wissen wir aus vielen Untersuchungen, dass neben zielführendem Handeln (siehe erstes Kapitel) und Teamentwicklung (siehe Kapitel „Teamentwicklung") eine etablierte Feedback-Kultur zu den „Treibern" einer pädagogischen Qualitätsentwicklung gehören (Kempfert/Rolff 2005, 7).

Eine Schule wird auf Dauer nicht umhinkommen, das Erreichen selbst gesteckter Ziele zu überprüfen. Dies gilt insbesondere für die unterrichtliche Arbeit und für besondere Projekte. Ohne Rechenschaftslegung erfährt man nichts über den Erfolg eines Projektverlaufs, über die Qualität von Unterrichtsergebnissen und über den Lernstand einer Klasse oder Lerngruppe, um nur einige Beispiele zu nennen. Es ist deshalb vor allem Sache der Schulleiterinnen und Schulleiter, interne Evaluationsverfahren systematisch zu etablieren.

Jede Schule verfügt über eine Fülle von Daten. Dazu gehören …

- die Ergebnisse von Klassenarbeiten;
- die Zahl der Repetenten;
- die Anzahl der erfolgreichen Abschlüsse;
- die Anzahl der Eltern, die an Elternabenden teilnehmen;
- die Anzahl der zusätzlich geförderten Schülerinnen und Schüler;
- die Fehltage der Lehrkräfte;
- die Teilnahme der Eltern an Elternsprechtagen;
- die Besucherzahlen am Tag der offenen Tür und zu anderen Anlässen;
- die Beschlusslage der Schul- und Gesamtkonferenz;
- die Ergebnisse externer Evaluation;
- Ergebnisse der Zentralen Abschlussarbeiten;
- Ergebnisse landesweiter Mathematikwettbewerbe;
- (speziell für Grundschulen) die IGLU- Ergebnisse (Internationale Grundschul-Lese-Untersuchung).

Die Frage ist, was macht eine Schule mit diesen Daten und welche Schlüsse werden daraus gezogen?

Aus dem breiten Spektrum der verfügbaren Daten lassen sich gesicherte Erkenntnisse zur Personal-, Unterrichts- und Organisationsentwicklung ablesen. Sie erfüllen somit keinen Selbstzweck, sondern sind Grundlage für die Festlegung neuer Schulentwicklungsziele.

Bei entsprechend kleinschrittiger Vorgehensweise wird es, besonders auf Grundlage „eigenerwirtschafteter" Daten, gelingen, Selbstevaluation zu etablieren. Unabhängig vom Evaluationsbereich empfiehlt sich daher folgendes Vorgehen, das sinnvollerweise in einem differenzierten Ablaufplan abgebildet ist:

- Im Kollegium einen größtmöglichen Konsens über den zu evaluierenden Bereich herstellen.
- Notwendige Absprachen treffen (Wer erhält die Daten? Wie soll mit den Ergebnissen umgegangen werden?).
- Ziele formulieren und Indikatoren (Maßstäbe) festlegen.
- Festlegen, mit welchen Methoden die Daten gesammelt werden (hier bieten sich auch die Instrumente der Schulinspektion an).

- Festlegen, wer befragt werden soll.
- Einen Zeitplan für die Evaluation unter dem Aspekt der Machbarkeit festlegen.
- Die Verantwortlichen für die Durchführung der Evaluation entlasten.
- Die Evaluation durchführen und die gesammelten Daten auswerten.
- Die Ergebnisse vorstellen und über die nächsten Schritte beraten.

An dieser Stelle ist kein Platz, um umfangreich auf Methoden und Instrumente der Evaluation einzugehen. Es gibt dazu eine Menge Literatur, aber auch Foren, in denen kostenlos Fragebogen etc. zur Verfügung gestellt werden. Allerdings sollten diese Vorlagen nicht unreflektiert übernommen werden, denn es bedarf unbedingt des sinnvollen Zuschnitts auf die eigene Schule. Und noch ein Hinweis: Wenn schon Evaluation, dann bitte unter Befolgung zweier Prinzipien – Triangulation und Mehrperspektivität. Triangulation meint den Einsatz verschiedener Instrumente, wie z. B. Fragebogen, Gespräche und Leistungsnachweise. Mehrperspektivität bedeutet, nicht nur einen Personenkreis zu befragen, sondern Lehrkräfte und Schülerinnen und Schüler oder Eltern und Schülerinnen und Schüler. Im Folgenden ein Beispiel gelungener Selbstevaluation an der Nibelungenschule, einer Grundschule in Heppenheim.

Ende der 1990er-Jahre entstand in Zusammenhang mit der Erarbeitung des Schulprogramms folgende „Wohlfühlordnung“, die der Schülerrat dort entwickelt und erstellt hat. Diese Wohlfühlordnung wird seitdem alle zwei Jahre evaluiert und gegebenenfalls angepasst. Der Evaluationsbogen wurde von Schülerinnen und Schülern, Eltern sowie Lehrkräften ausgearbeitet. An der Evaluation nehmen alle Schülerinnen und Schüler der zweiten bis vierten Klassen teil. Beide Dokumente veröffentlichen wir mit freundlicher Genehmigung der Schulleitung.

„Wohlfühlordnung“

Nibelungenschule Heppenheim – Der Schülerrat

1. Keine/r (weder die Kleinen noch die Großen noch die Schwächeren noch die Schwarzen noch die Weißen noch die Roten ...) braucht Angst zu haben. Unsere wichtigste Regel heißt nämlich: Wir gehen friedlich, rücksichtsvoll und hilfsbereit miteinander um, tun uns nicht weh und beleidigen uns nicht – auch wenn wir uns mal streiten.
2. Wer boxen, treten und aggressiv sein will, soll sich einen Boxverein suchen oder ein Tretboot mieten. Wenn das nicht klappt, soll er/sie in ein Kissen beißen.
3. Wer unbedingt spucken will, soll das bei den Lamas im Zoo mal versuchen, aber nicht hier in der Schule. Hier wird Streit friedlich geregelt.
4. Wir wollen uns auf keinen Fall wehtun und nicht unnötig oder zu arg ärgern, egal aus welchen Ländern wir kommen.
5. Wenn Kinder mal verliebt sind, brauchen sie deshalb noch lange nicht gehänselt zu werden.
6. Wer klaut und zerstört, macht die betroffenen Kinder sehr traurig und bringt sich selber nur Ärger ein. Denn ihr wollt ja auch nicht beklaut werden.
7. Wenn ihr die Toiletten sauber haltet, dann stinkt es da drin auch nicht mehr so eklig. Das Klo ist kein Aufenthaltsraum und auch kein Spielplatz. In den Pausen sollt ihr frische Luft schnappen und keine Toilettenluft.
8. In jeder Klasse steht ein Spielkorb mit einigen teuren Spielgeräten. Deshalb passt alle gut darauf auf, sonst habt ihr bald keine Spielsachen mehr (nicht am Schaumgummiball rumpopeln, nach der Pause alle Sachen wieder in den Spielkorb legen, lasst bei nassem Schulhof alle Schaumgummibälle in der Klasse). Wer in welcher Pause die Tore benutzen darf, steht auf der Liste. Die Größeren sollen im Umgang mit den Spielgeräten ein Vorbild sein.
9. Lasst beim Spielen so viele Kinder wie möglich mitspielen. Aber z.B. beim Tischtennis können ja gar nicht so viele mitmachen. Seid also nicht böse, wenn ihr mal nicht mehr dabei sein könnt.
10. Wer beim Spielen unbedingt Bestimmer/in sein will, soll sich seine Doofen nur selber suchen. Viel Glück dabei!!!
11. Bitte klettert nicht auf die Bäume und zieht nicht an den Ästen! Das tut den Pflanzen nicht gut und sie können dabei kaputtgehen. Die Tiere und Menschen brauchen nämlich die Pflanzen.
12. Achtet bitte am Kletterhäuschen und am Balancierseil darauf, dass ja keiner abstürzt und sich niemand verletzt. Achtung! Es ist gefährlich, mit Sand zu schmeißen, weil Sand die Augen verletzen kann.
13. Die Lehrerinnen sollen nett und gerecht sein, aber auch die Kinder.

Bitte haltet euch daran!
Euer Schülerrat

Befragung zum Wohlfühlkonzept

Ich bin Schülerin O
Ich bin Schüler O
in Klasse 2 3 4
O O O

Fragen	sehr oft	oft	selten	gar nicht
1. Ich fühle mich nicht in der Schule wohl.				
2. Ich gehe gern in die Schule.				
3. Es herrscht in der Schule ein freundlicher Umgang miteinander.				
4. Wir lernen im Unterricht, wie Streit friedlich geregelt werden kann.				

Fragen	ja	nein
5. Wir sprechen im Unterricht über die Wohlfühlordnung.		
6. Ich kenne die Aufgaben ...		
a) des Wohlfühldienstes.		
b) der Konfliktlotsen.		
c) der Spürnasen.		

Fragen	sehr oft	oft	selten	gar nicht
7a) Ich habe bei Streit Hilfe geholt ...				
– vom Wohlfühldienst.				
– von den Konfliktlotsen.				
– von den Spürnasen.				
– von Lehrerinnen oder Lehrern.				
7b) Für Kinder, die Hilfe geholt haben: Mir wurde geholfen.				
8. An unserer Schule kommt es vor, dass Kinder mutwillig etwas kaputt machen.				
9. Ich werde von anderen Kindern bedroht ...				
– auf dem Schulhof.				
– im Klassenzimmer.				
– auf den Gängen.				
10. Ich werde von anderen Kindern erpresst ...				
– auf dem Schulhof.				
– im Klassenzimmer.				
– auf den Gängen.				

▼

„Auferstanden aus Vitrinen“, so offenbar das Motto eines Gymnasiums zur Vorbereitung auf die Schulinspektion. Der Schulleiter wies die Inspektoren ausdrücklich darauf hin, man habe insbesondere die Vitrinen sorgfältig gesäubert und neu gestaltet. Leider wurden die Bemühungen um Sauberkeit und Ordnung von der Inspektion nicht entsprechend gewürdigt, was den Schulleiter zu einer offiziellen Beschwerde bei der Schulaufsicht veranlasste. Offensichtlich konnten seine Bemühungen im Vorfeld die Ergebnisse der Inspektion nicht ausreichend kompensieren.

Buhren, Claus 2007: Selbstevaluation in Schule und Unterricht. Köln.

Burkard, Christoph/Eikenbusch, Gerhard 2000: Praxishandbuch Evaluation in der Schule. Berlin.

Konferenzen, Besprechungen – Frust statt Lust?

Bevor wir in die Tiefen bzw. Untiefen der Konferenzarbeit einsteigen, zunächst einmal etwas Grundsätzliches zu den Konferenzarten.

Es gibt gesetzlich geregelte Konferenzen. Dazu gehören Gesamtkonferenz, Klassenkonferenz, Notenkonferenz, Schulkonferenz und Fachkonferenz. Zusätzliche Konferenzen sind Dienstbesprechungen, Projektgruppen, Arbeitsgruppen, Steuergruppen, Haushaltsausschuss etc. Sie unterscheiden sich vor allem dadurch, dass gesetzlich geregelte Konferenzen im Rahmen ihrer Aufgaben Beschlüsse fassen können. Andere Konferenzen erarbeiten Beschlussvorlagen, Konzeptentwürfe oder arbeiten bei entsprechendem Auftrag der Schulleitung zu und leisten planerische Vorarbeiten.

Bei Konferenzen zeigt sich, was eine Schulleiterin bzw. ein Schulleiter „draufhat“. An dieser Stelle bündeln sich Planungs- und Moderationskompetenz, Fachkompetenz in spezifischen Fragen und die Fähigkeit im Umgang mit Widerstand. Dazu kommt die Fähigkeit, eine Konferenz zielgerichtet zu führen.

Eine Schulleiterin bzw. ein Schulleiter sollte sich in Zurückhaltung üben, nicht dominieren, vor allem nicht mit eigenen Redeanteilen den zeitlichen Rahmen sprengen und die Teilnehmer unnötig strapazieren. Sie bzw. er sollte keinesfalls die Konferenz mit Themen überfrachten und unterscheiden zwischen Information, Beratung, Diskussion sowie Beschlussfassung.

Planung, Vorbereitung und Durchführung einer Konferenz

- Vorbereitende Maßnahmen: Entscheiden, wer hinsichtlich der Tagesordnung vorab einzubinden oder zu befragen ist; dies können eine Projektgruppe, der Elternbeirat, die Fachkonferenzen, der Personalrat oder auch die Schülervertretung sein.
- Frühzeitige und fristgerechte Einladung (In der Regel sind diese Termine ohnehin im Jahresterminplan der Schule festgelegt.)
- Festlegung der Tagesordnung
- Auswahl der Vorlagen (Einige Vorlagen können zur Vorentlastung der Konferenz bereits mit der Einladung verteilt werden. Dies können Informationsmaterialien für bestimmte Tagesordnungspunkte oder Beschlussvorlagen, aber auch zur Erinnerung das Kurzprotokoll der vorhergehenden Konferenz sein – siehe Vorlage am Ende des Kapitels.)
- Liste der Einzuladenden erstellen (Dazu gehören Eltern- und Schülervertreter und bei Bedarf Fachleute zu bestimmten Tagesordnungspunkten. Je nach Vereinbarung mit dem Schulamt geht auch eine Information an die Schulaufsicht.)
- Festlegung der Verantwortlichen für die einzelnen Tagesordnungspunkte (Sie führen in ein bestimmtes Thema ein, beantworten Fragen und leiten nach Rücksprache mit der Schulleiterin bzw. dem Schulleiter die Diskussion. Die Schulleiterin bzw. der Schulleiter kann sich an dieser Stelle zurücknehmen oder sich als Mitdiskutant einbringen.)
- Festlegung des Zeitrahmens für jeden einzelnen Tagesordnungspunkt (Dies zwingt grundsätzlich zur Disziplin! Folglich sollten Vorträge kurzgehalten und, falls erforderlich, wichtige Stichpunkte als Vorlage ausgeteilt werden. Erfahrungsgemäß ist Vorsicht bei Vorträgen mithilfe von PowerPoint gebo-

ten: Es gibt Lehrkräfte, die unter „Don Folio“ firmieren. Unter 37 Folien ist bei denen nichts zu machen. Am Ende weiß allerdings kein Mensch mehr so recht, was eigentlich der genaue Inhalt des Vortrags war. Es ist daher ratsam, einen „Zeitwächter“ zu benennen, der auf die Dauer der Redebeiträge achtet.)

- Vorsicht bei der Themensetzung (Man kann eine Konferenz nicht wirksamer in den Widerstand treiben, als wenn von vorgesetzten Behörden auferlegte und von Kolleginnen und Kollegen nicht nachvollziehbare Vorgaben auf die Tagesordnung gelangen. Hier bedarf es der klugen Einführung durch die Schulleiterin bzw. den Schulleiter, um das Kollegium hierfür aufnahmebereit zu machen.)
- Gute Vorbereitung in der Sache (Es gibt immer wieder Lehrkräfte, die auch vor obskuren Argumentationen nicht zurückschrecken und mit ihren Interventionen keinesfalls zum Unterhaltungswert der Konferenz beitragen. Daher gilt der Grundsatz: Jeder hat das Recht auf eine eigene Meinung, aber nicht auf eigene Fakten. Nicht jede Diskussion verläuft emotionslos; trotzdem muss die Diskussionsleitung auf eine sachliche Auseinandersetzung drängen.)
- Vorsicht bei dem Punkt „Verschiedenes“. Hier sollten nach Möglichkeiten keine Beschlüsse gefasst werden, über deren Inhalt nicht vorab informiert worden ist. Schulleiterinnen und Schulleiter sollten es strikt vermeiden, unter diesem Punkt noch wichtige Themen zu behandeln. Wenn ein Thema von Bedeutung ist, dann gehört es auch unter einem Einzelpunkt ausgewiesen. Wenn der Tagesordnungspunkt Verschiedenes aufgerufen wird, dann ist das oftmals das Signal zum Aufbruch. Die Lehrkräfte packen ihre Unterlagen ein und stellen sich erwartungsfroh auf das Ende der Konferenz ein. Da ist es Aufgabe der Schulleiterin bzw. des Schulleiters, allenfalls wenige kurze Informationen zu geben oder von den Teilnehmern entgegenzunehmen.

Zur Vorbereitung einer Konferenz gehören weitere Punkte, deren Wirksamkeit nicht zu unterschätzen ist. Dazu gehören …

- die Sitzordnung;
- die Auswahl der Sozialform (Es muss nicht immer der frontale Vortrag sein.

Stellwände mit plakativen Informationen haben sich für einzelne Tagesordnungspunkte als nützlich erwiesen, da sie einen hohen Aufforderungscharakter haben und die Lehrkräfte sich nach einiger Zeit auch mal bewegen können.)
- die Bereitstellung von Getränken;
- die Überprüfung der Einsatzfähigkeit von technischen Geräten (Wir sahen schon schwitzende Schulleiterinnen und Schulleiter, die glaubten, die Verknüpfung von Notebook und Beamer sei innerhalb einer Minute machbar.).

Grundsätzlich gilt für alle Beteiligte: Zuhören, ausreden lassen und eigene Beiträge kurzhalten. Schulleiterinnen und Schulleiter sollten nur Sachargumente zulassen. Bei gegensätzlichen Auffassungen bzw. Meinungen sollten die jeweiligen Argumente vor einer Abstimmung kurz zusammengefasst werden. Vor allem ist auf präzise Formulierungen der Beschlüsse zu achten.

Gute Ergebnisse von Konferenzen zeichnen sich dadurch aus, dass ein tragfähiger Interessenausgleich geschaffen wurde und auch individuelle Bedürfnisse im Rahmen des Möglichen Berücksichtigung finden. Wenn die Arbeitsaufträge für die Weiterarbeit eindeutig und Verantwortlichen zuzuordnen sind, zeugt dies von einer hohen Ergebnisqualität.

Falsch ist, sich als Schulleiterin bzw. Schulleiter in einer Konferenz zu verstecken. Es ist durchaus legitim, wenn …
- für das eigene Anliegen geworben wird;
- um Verständnis und Akzeptanz gebeten wird;
- sehr eindeutig die eigene Position offengelegt wird. Bei sich zuspitzenden Kontroversen sollte die Schulleiterin bzw. der Schulleiter die Leitung der Konferenz aber besser abgeben.

Um einen ersten Eindruck zu gewinnen, wie eine Konferenz von den Teilnehmerinnen und Teilnehmern wahrgenommen wurde, empfehlen sich zwei Methoden.

Die Blitzlicht-Methode

Durch diese Methode wird sehr schnell die Stimmung und Meinung über eine Sitzung erfasst. Die Teilnehmerinnen und Teilnehmer äußern sich kurz, ohne eine Vorstrukturierung durch den Sitzungsleiter.

Die Evaluationszielscheibe

Die Zielscheibe dient der visualisierten Bewertung einer Sitzung, Unterrichtsstunde o. Ä. Die Mehrpunktabfrage zeigt die Einschätzung der Teilnehmerinnen bzw. Teilnehmer zu bestimmten Aspekten einer Sitzung. Für eine Konferenz könnten das sein:

- Konferenzleitung
- Methodik
- Arbeitsergebnisse
- Atmosphäre
- Unterlagen
- Abstimmungsergebnisse

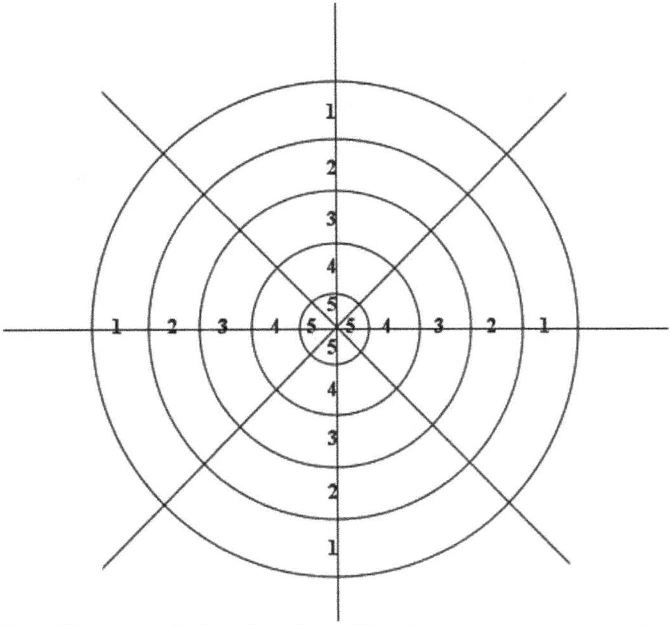

https://www.google.de/url?sa=i&rct=j&q=&esrc=s&source=images&cd=&ved=0ahUKEwiypebz16bWAhWCwBQKHdshBe0QjRwIBw&url=http%3A%2F%2Fwww.bildungsprozessmanagement.de%2Findex.php%2FEvaluation.html&psig=AFQjCNE4vw-Og0IkYNvEfbB-lYsPxHy7Fg&ust=1505547570171776 26.06.2017

Abb. 21: Zielscheibenabfrage

Nach der Konferenz

Die Schulleiterin bzw. der Schulleiter ist verantwortlich dafür, dass durch entsprechende Steuerung mit den Ergebnissen weitergearbeitet wird.

Dies bedeutet im Einzelnen:

- Die schnellstmögliche Erstellung des Kurzprotokolls und die Weitergabe an die Teilnehmerinnen und Teilnehmer.
- Die Weitergabe von Informationen für diejenigen, die nicht an der Konferenz teilgenommen haben (Elternbeirat, Schülervertretung).
- Die Überprüfung der Ergebnisse hinsichtlich der Notwendigkeit einer Zustimmung durch die Schulkonferenz.
- Die Bestimmung von Gremien, die sich mit der Weiterarbeit an den einzelnen Themen zu beschäftigen haben. Das können sein die Fachkonferenzen, die Steuergruppe, die Schulleitung, die Schulprogrammgruppe.
- Überprüfen, ob Arbeitsaufträge in einem vereinbarten Zeitraum erledigt wurden. Wenn dies nicht geschieht, kann sehr schnell der Faden verloren gehen und der „Versickerungseffekt" von Themen oder Projekten tritt ein. Dadurch werden Ressourcen vergeudet und gefasste Beschlüsse ad absurdum geführt.

Es lohnt ein Blick in die Gesamtkonferenzprotokolle der vergangenen fünf Jahre einer Schule, um festzustellen, welche Projekte und Vorhaben verabredet waren, aber letztendlich irgendwann von der Bildfläche verschwanden. Solche „Friedhöfe" gibt es an jeder Schule. Umso mehr ist seitens der Schulleiterin bzw. des Schulleiters dafür Sorge zu tragen, dass Arbeitsgruppen arbeitsfähig bleiben und Beschlüsse umgesetzt werden. Vor allem auch dann, wenn damit Deputatsstunden für Lehrkräfte verbunden sind. Innerhalb eines Kollegiums wird sehr darauf geachtet, ob eine Lehrkraft, die aufgrund einer Verantwortung für ein Amt oder ein Projekt eine Ermäßigung ihrer Unterrichtsverpflichtung erhält, ihrer Aufgabe auch tatsächlich nachkommt.

Für Schulleiterinnen und Schulleiter lohnt sich daher die Arbeit mit einem Projektarbeitsplan.

Gesamtkonferenzen

Wenn man Lehrkräfte nach ihrer Meinung zum Thema Gesamtkonferenzen befragt, kommt einem sogleich das Zitat „Da war ein jeder auf seine Weise unglücklich" aus Tolstois „Anna Karenina" in den Sinn. Nicht selten ist von Lehrkräften zu hören, dass die Gesamtkonferenzen zu lang seien, die Schulleiterin bzw. der Schulleiter zu lange spräche und oft das vortrüge, was den Lehrkräften ohnehin bekannt sei oder bereits im Vorfeld am schwarzen Brett aushing oder in den Fächern lag. Unterstrichen werden solche Aussagen durch sichtbare Verhaltensweisen: Kaum jemand hört aufmerksam zu, die Konferenzzeit wird mit der Korrektur von Klassenarbeiten oder Gesprächen mit der Nachbarin bzw. dem Nachbarn überbrückt. Auch das Smartphone leistet mittlerweile gute Dienste, um Kurzweil herzustellen. Konferenzen scheinen oft desillusionierend auf alle Beteiligte zu wirken. Nebenbeschäftigungen und das überdehnte Zeitbudget führen nicht selten dazu, dass die eine oder andere Lehrkraft am Ende einer Konferenz schon nicht mehr genau weiß, was eigentlich im Detail besprochen oder beschlossen wurde. Deswegen darf man sich nicht wundern, wenn nach Beendigung der Konferenz viele Kolleginnen und Kollegen schnellstens Richtung Eigenheim streben oder auf ein kollegiales Bierchen in der Stammkneipe verschwinden.

Um diese unerwünschten Folgen zu vermeiden, können die o. g. Hinweise eine nützliche Hilfe sein. Für Schulleitung und Lehrkräfte ist die Gesamtkonferenz immer noch das zentrale Beschlussorgan. Deswegen ist von Schulleiterinnen und Schulleitern hochprofessionelles Handeln und Agieren gefragt. Die Ergebnisqualität hängt im Wesentlichen von der inhaltlichen Vorbereitung, der Organisation, der Abhandlung der einzelnen Tagesordnungspunkte sowie vor allem der Leitung und Führung der Konferenz ab.

Fachkonferenzen

Auf die Funktionen und Aufgaben der Fachkonferenzen im Zusammenhang mit der Unterrichtsentwicklung wird an anderer Stelle eingegangen.

Verantwortlich für die Planung und Durchführung der Fachkonferenzen ist die Fachsprecherin oder der Fachsprecher. Sie müssen regelmäßig stattfinden, denn ihre Aufgaben beschränken sich weiß Gott nicht auf die Bestellung der Unterrichtswerke zum Ende des Schuljahres.

Fachkonferenzen befassen sich grundsätzlich mit …

- der Priorisierung der Fortbildungsbedarfe;
- der Organisation und Durchführung schulinterner Fortbildungen;
- der Umsetzung spezifischer bildungspolitischer Vorgaben wie z. B. Integration und Inklusion;
- Maßnahmen zur Vorbereitung der Schülerinnen und Schüler auf die Zentralen Abschlussprüfungen;
- der Erarbeitung schulinterner Curricula;
- der Auswahl von Unterrichtsmaterialien.

Sie beschließen …

- Vereinbarungen zu den fachlichen Standards in den einzelnen Jahrgängen und
- die Anzahl der zu schreibenden Klassenarbeiten und Lernkontrollen sowie die Bewertungsmaßstäbe in den einzelnen Jahrgängen.

Die Schulleiterin bzw. der Schulleiter sollte sich zumindest gelegentlich durch Teilnahme an Fachkonferenzen und regelmäßig Einsicht in die Ergebnisprotokolle über deren Arbeit informieren. Es geht sicherlich nicht vordergründig um Kontrolle, sondern vielmehr um die notwendige Koordination der Arbeit in den Fachkonferenzen zu zentralen Themen. Sie bzw. er sollte auch an Diskussionen teilnehmen, um ihre bzw. seine eigene Position oder die der Schulleitung in bestimmten Fragen deutlich zu machen.

Eine zentrale Aufgabe der Schulleiterin bzw. des Schulleiters ist die Beratung mit den Fachsprechern über die zur Verfügung stehenden Haushaltsmittel. Hier geht es in der Regel immer ums Eingemachte. Verteilungskämpfe vor allen in größeren Systemen um ohnehin knapp bemessene Ressourcen sind ein Höhepunkt im Schuljahr. Hier ist die Schulleiterin bzw. der Schulleiter besonders gefordert. Es geht nicht ausschließlich um die proportionale Verteilung der Mittel, sondern auch darum, vereinbarte Schulentwicklungsprojekte finanziell auszustatten. Bei diesen Beratungen sollte auf jeden Fall eine Einigung herbeigeführt werden, da Kontroversen auf der Gesamtkonferenz leicht zu überraschenden Abstimmungsergebnissen führen können.

Zeugniskonferenzen

Insbesondere Zeugniskonferenzen bedürfen der sorgfältigen Planung. Alle dort getroffenen Entscheidungen müssen sorgfältig vorbereitet und protokolliert werden. Sie sind keine pädagogischen Konferenzen und bieten keinesfalls den Rahmen, um ausführlich über alle Schülerinnen und Schüler zu sprechen. Dies kann im Einzelfall sicherlich vorkommen, wenn es um höchst problematisches Sozialverhalten oder außergewöhnlichen Leistungsabfall geht. Bei allen Entscheidungen ist zu beachten, dass jeder Beschluss einem Widerspruch standhalten können muss, d. h. er muss justiziabel sein.

In der Regel finden die Konferenzen unter Vorsitz eines Schulleitungsmitglieds statt; die Regelungen dazu sind in den einzelnen Bundesländern allerdings unterschiedlich.

Bei der Planung der Konferenzen sollte die Schulleiterin bzw. der Schulleiter auf Folgendes achten:

- Die Lehrkräfte haben alle Schülerinnen und Schüler regelmäßig und insbesondere vor der Konferenz über ihren Leistungsstand zu informieren.
- Zwei bis drei Tage vorher sollten alle zeugnisrelevanten Informationen bei den Klassenlehrerinnen und Klassenlehrern eingegangen sein und in einer Notenliste festgehalten werden. Auf jeden Fall müssen die Unterlagen vor Beginn der Konferenz vollständig vorliegen.
- Klassenlehrerinnen und Klassenlehrer informieren über besonders „schwierige" Fälle, damit die Schulleiterin bzw. der Schulleiter bei Bedarf an der Konferenz teilnehmen kann.
- Für die Durchführung der Konferenzen ist eine realistische Zeitplanung unerlässlich.
- In den Protokollen ist auf jeden Fall die Anwesenheit der Lehrkräfte zu vermerken.
- Bei schwierigen Entscheidungen ist es wichtig, dass sich die Schulleiterin bzw. der Schulleiter Notizen macht und Einsicht in das Protokoll nimmt, um gegebenenfalls auf Rückfragen von Eltern oder Schülerinnen und Schülern eingehen zu können.

Konferenzen an Grundschulen

Die Konferenzarbeit an Grundschulen gestaltet sich abhängig von der Größe der jeweiligen Schule unterschiedlich. Fachkonferenzen tagen nicht regelmäßig, dafür finden Gesamtkonferenzen oder Dienstbesprechungen wesentlich häufiger statt.

Grundschullehrerinnen und Grundschullehrer pflegen sehr intensive Kooperationsformen, um fachspezifische Inhalte zu besprechen und sich regelmäßig über die Entwicklung einzelner Schülerinnen und Schüler zu verständigen. Auch gibt es häufig kurzfristige Absprachen über die Wochenplan- und Werkstattarbeit, klassenübergreifende Projekte und gemeinsame Veranstaltungen. Viele Grundschulen haben es sich zum Ziel gesetzt, den Schülerinnen und Schülern Raum für selbst organisiertes Lernen zu bieten. Unterrichtswerke können für diese Lernform nur bedingt eingesetzt werden. Es geht also für Grundschullehrerinnen und Grundschullehrer auch um die Erstellung von umfänglichen Unterrichtsmaterialien.

Deswegen ist an vielen Grundschulen ein „Jour fixe“ einmal pro Woche oder im Zweiwochenrhythmus fest im Stundenplan integriert. Diese Treffen können aber Gesamtkonferenzen nicht ersetzen, da auch Eltern berechtigt sind, daran teilzunehmen. Aus diesem Grund bedarf es einer klaren Abgrenzung zwischen Themen, die auf eine Gesamtkonferenz gehören, und Themen, die sich um Unterrichtsplanung und -vorbereitung drehen. Wir kennen Schulen, die gemeinsame Arbeit rhythmisiert haben: Abwechselnd wird entweder über die Entwicklung einzelner Schülerinnen und Schüler gesprochen und es werden Absprachen und Verabredungen getroffen oder die Lehrkräfte bereiten gemeinsam Unterricht vor und erstellen Unterrichtsmaterialien.

Besonders hierdurch empfinden die Lehrkräfte eine hohe Zufriedenheit, da die Ergebnisse ihrer Zusammenarbeit unmittelbar wirksam werden.

▼

Der folgende Fall ist aktenkundig: Spätnachmittags geriet eine Lehrkraft in eine allgemeine Verkehrskontrolle. Das übliche Procedere folgte: Kontrolle der Fahrzeugpapiere und des Führerscheins; Nachweis über Warndreieck und Verbandskasten. Im Anschluss daran wurde die Lehrkraft von einem der Polizisten nach ihrer Fahrtüchtigkeit befragt, weil die Pupillen offensichtlich geweitet waren und eine gewisse Starrheit des Blickes bemerkt wurde. Nach einem möglichen Alkoholkonsum befragt, konnte die Lehrkraft noch guten Gewissens verneinen, bei der Nachfrage, ob andere Drogen konsumiert wurden, war ein Verschleiern nicht mehr möglich. Auf der Polizeiwache wurde dann die Befragung fortgeführt. Dort stellte sich heraus, dass die Lehrkraft gekifft hatte. Auf die Frage des Beamten, wo die Lehrkraft denn herkäme, antwortete diese wahrheitsgemäß: „Von einer Lehrerkonferenz." Danach befragt, warum sie während des Dienstes Drogen einnähme, lautete die verblüffende Antwort: „Sie müssten mal unsere Konferenzen erleben!"

Im Folgenden als Beispiel eine Einladung zu einer Gesamtkonferenz und ein Vorschlag zur Protokollführung.

Vorlage Tagesordnung Gesamtkonferenz

Einladung zur Gesamtkonferenz
am 14.9.20..

Meiershafen, den ...

Liebe Kolleginnen und Kollegen, liebe Schülerinnen und Schüler, liebe Eltern,

hiermit lade ich Sie zur Gesamtkonferenz am Mittwoch, 14.9.20.., herzlich ein.

Beginn der Konferenz: 14.30 Uhr
Ende der Konferenz: 16.30 Uhr
Sitzungsraum: Multifunktionsraum in der 1. Etage im Westflügel
Protokollführung: Herr Hippelborn

Zu einzelnen Punkten sind der Tagesordnung Vorabinformationen und Erläuterungen beigefügt. Diese sind Ihnen per Mail zugegangen. Ich bitte um Beachtung und entsprechende Vorbereitung.

Tagesordnung

Thema	Verantwortlich	Unterlagen	Zeitrahmen
Begrüßung und Regularien	Schulleiterin		5'
Verabschiedung Haushaltsplan	Haushaltsausschuss (Frau Spibke) und Schulleitung	Haushaltsplan	20'
Stand Schulprogramm	Arbeitsgruppe Schulprogramm (Herr Plattenberg)	Ergebnisprotokoll der Arbeitsgruppe	30'
Inklusiver Unterricht im kommenden Schuljahr	Schulleiterin und Inklusionsbeauftragter (Herr Lupps)	Verordnung und Ausführungsbestimmungen	40'
Anfragen an die Schulleitung	Schulleiterin		15'
Verschiedenes	Schulleiterin		10'

Freundliche Grüße
(Unterschrift Schulleiterin)

Vorlage „Protokolle“

Art der Veranstaltung
(z.B. Gesamtkonferenz, Fachkonferenz, Schulkonferenz):

Datum: Vorsitz:

Beginn: Ende:

Teilnehmer: siehe Anwesenheitsliste

Anlagen:
(z.B. Vorabinformationen, Beschlussvorlagen, Haushaltsplan, Anträge)

Thema/ Tagesordnungspunkt	Ergebnisse	Beschlussfassung	Weiteres Vorgehen	Wer?	Bis man?	Vermerk der Schulleitung
Verabschiedung Haushaltsplan	Neuverteilung: 500 € zusätzlich für Chemie 500 € weniger für Sport	Verabschiedung des Haushalts mit den Änderungen Abstimmung 49 Ja, 4 Enthaltungen	Vorlage Elternbeirat und Schulkonferenz	Schulleitung	10. Oktober	Einladung Schulkonferenz zum 1.12.
...	...	...	...	...	...	...

Elternarbeit

Die Zusammenarbeit zwischen Elternhaus und Schule ist wichtig; daran besteht kein Zweifel. Sie ist die Basis für den Schulerfolg der Schülerinnen und Schüler. Je nach Schulform gestaltet sie sich sehr unterschiedlich. Grundsätzlich besteht das vorrangige Ziel, eine Erziehungs- und Bildungspartnerschaft zwischen Elternhaus und Schule zu gestalten. Bekannt ist allerdings auch die kontroverse Diskussion in den Kollegien über Elternarbeit aufgrund durchaus negativer Erfahrungen. Lehrkräfte und Eltern treffen in sehr unterschiedlichen Konstellationen aufeinander:

- Im Zweiergespräch, wenn es um die individuellen Anliegen oder Probleme eines Kindes geht.
- Auf Elternabenden, wo neben Individualinteressen auch Forderungen zur Unterrichtsgestaltung der Eltern vorgebracht werden.
- In der Schulkonferenz, wo Eltern, Schülerinnen und Schüler, Lehrkräfte und Schulleitung gemeinsam über unterschiedliche Themen beraten und bei gesetzlicher Voraussetzung entsprechende Beschlüsse fassen.

Für Schulleiterinnen und Schulleiter hat Elternarbeit noch andere Dimensionen. Sie haben den Elternbeirat über wichtige Dinge, die im Schulgesetz festgelegt sind, zu informieren. Eine vertrauensvolle Zusammenarbeit mit den gewählten Elternvertretern ist die Grundlage für ein kooperatives Miteinander.

Schulleiterinnen und Schulleiter treffen Eltern erstmals auf Informationsabenden in den Kindergärten, wenn es um Fragen der Einschulung geht. Sie informieren über Bildungsgänge und das Angebot ihrer eigenen Schule beim Übergang von der Grundschule in die weiterführende Schule oder über die Option, nach erfolgreichem Abschluss der Sekundarstufe I gymnasiale Oberstufen oder Fachschulen zu besuchen.

Schulleiterinnen und Schulleiter können eine Menge für das Gelingen einer Zusammenarbeit mit den Eltern tun.

- Der Eingangsbereich und der Weg ins Sekretariat der Schule sind einladend zu gestalten. Hinweisschilder helfen den Eltern, den Weg dorthin zu finden. Für große Systeme sind Wegweiser unabdingbar, damit ein Orientieren auf dem Gelände und in den Gebäuden möglich ist. Je nach Schule können auch Hinweisschilder in mehreren Sprachen sinnvoll sein.
- Es herrscht ein freundlicher Umgangston in der Schule.
- Bei Neuaufnahmen wird dafür gesorgt, dass ein Schulleitungsmitglied „Kennenlerngespräche“ mit jeder einzelnen Schülerin bzw. jedem einzelnen Schüler und den jeweiligen Eltern führt.
- An den ersten Elternabenden der „Neuen“ nimmt ein Schulleitungsmitglied teil.
- Termine werden so festgelegt, dass auch berufstätige Eltern teilnehmen können.

Als hilfreich haben sich auch Handreichungen erwiesen, die Eltern nützliche Hinweise geben, um sich im Schulbetrieb zurechtzufinden. Solche Hinweise können sein:

- Sprechzeiten der Lehrkräfte sowie der Schulleiterin bzw. des Schulleiters
- Fahrzeiten der Busse und Bahnen
- Unterrichtszeiten
- Ferientermine
- Regularien für Entschuldigungen im Krankheitsfall
- Finanzielle Unterstützungsmöglichkeiten (z. B. für Klassenfahrten)
- Namen der Elternvertreter

Elternabende

Schulleiterinnen und Schulleiter können gemeinsam mit den Lehrkräften eine Menge dafür tun, dass Elternabende nicht, um es vorsichtig auszudrücken, ermüdend sind. Hohe Redeanteile vor allem seitens der Lehrkräfte hindern Eltern an der aktiven Teilnahme an Diskussionen. Notwendige Informationen vor allem zu Beginn des Schuljahres über Unterrichtsinhalte, Bewertungsmaßstäbe und die Anzahl der zu schreibenden Klassenarbeiten können den Eltern auch mit einem entsprechenden Hinweis auf die Homepage gegeben werden – vorausgesetzt, es gibt entsprechende Regelungen und Verabredungen und diese sind in Fachkonferenzen vereinbart sowie schriftlich festgehalten. Jeder kann sich ausmalen, wie groß der Zeitgewinn bei einer solchen Vorgehensweise ist. Zeit bliebe dann, um andere wichtige Themen zu besprechen, etwa der Umgang mit Medien, Leistungsverweigerung oder störende Konflikte in der Klassengemeinschaft. Dazu kann bei Bedarf auch die Expertise von Experten herangezogen werden. Es gibt genügend Beratungsstellen, deren Mitarbeiterinnen und Mitarbeiter bereit sind, an Elternabenden zu bestimmten Themen teilzunehmen. Bei einer entsprechenden Umfrage unter den Eltern wird man sehr schnell auf solche Inhalte stoßen. Auf einem dieser berühmten einschläfernden Elternabende fragte eine Mutter, ob es nicht möglich sei, den Kindern einige gymnastische Übungen beizubringen, um sich nach längerem Sitzen entspannen zu können. Noch bevor die Klassenlehrerin darauf eingehen konnte, meldete sich eine Mutter mit der Bemerkung, sie sei Physiotherapeutin und könnte sofort einige Übungen mit auf den Weg geben. So endete zumindest dieser Elternabend aufgelockert und entspannt. Noch eines: Manche Eltern sollen auf solchen Veranstaltungen schon verdurstet sein. Eltern sind gern bereit, einige Flaschen Wasser und ein paar Gläser mitzubringen.

Elternsprechtage

Elternsprechtage bieten nicht genug Zeit, um sich länger auszutauschen. Sie sind stark ritualisiert (Leistungsstand, was ist zu tun). Es ist Aufgabe der Schulleitung, die Eltern darüber zu informieren und um deren Verständnis zu bitten. Häufig reicht ja auch die knapp bemessende Zeit. In anderen Fällen müssen zusätzliche Termine außerhalb des Elternsprechtages vereinbart werden. Schulleiterinnen und Schulleiter sollten auf jeden Fall an diesem Tag ein „offenes“ Büro haben. Es werden immer einige Eltern kommen. Die Gespräche mit ihnen geben oftmals nützliche Hinweise auf Dinge oder Vorkommnisse, die bislang nicht bekannt waren und denen nachgegangen werden sollte. Für Eltern ist dies auch ein Anlass, eine Lehrkraft zu loben oder Anerkennung für eine besondere Veranstaltung auszusprechen.

Es bietet sich vor allem bei größeren Schulen an, mit Unterstützung z. B. der Schülervertretung für eine Bewirtung mit Getränken und Kleinigkeiten zum Essen zu sorgen. Ebenso können die Ergebnisse von Schülerarbeiten präsentiert werden.

Energiesparen ist an diesem Tag nicht angebracht. Auf dem Weg nach Hause sagte ein Vater dem Schulleiter in Bezug auf die Beleuchtung im Schulgebäude, er habe jetzt eine Vorstellung davon, wie sich ein Frosch fühle, wenn er nachts in einem Krötentunnel unterwegs sei.

Schulkonferenz

Über die Funktion und zu den Rechten der Schulkonferenz finden sich im Kapitel „Schulrecht" weitere Informationen.

Den Vorsitz der Schulkonferenz hat die Schulleiterin bzw. der Schulleiter. Entsprechend eines gesetzlich festgelegten Schlüssels sind gewählte Eltern- und Schülervertreter sowie Lehrkräfte ebenfalls Mitglieder der Schulkonferenz. Sie fasst wesentliche Beschlüsse zu den inneren Angelegenheiten einer Schule.

Die Schulkonferenz ist in erster Linie ein Gremium, das Partizipation und Mitbestimmung gewährleistet. Vor allem Schülerinnen und Schüler erfahren hier einiges über die Funktionsweisen von unmittelbarer Demokratie. Entsprechend müssen Schulleiterinnen und Schulleiter dieses Gremium ernst nehmen. Es kann sich nicht nur darum drehen, eine Tagesordnung abzuarbeiten. Es geht auch darum, entsprechende Unterlagen und Erläuterungen zu den Tagesordnungspunkten beizufügen. Wer hat schon mal einen Haushaltsplan gelesen und kann ihn deuten? Deswegen müssen auch während der Sitzung Zusammenhänge dargestellt werden. Was hilft es, wenn der Haushalt verabschiedet ist und dabei festgestellt wird, dass für ein im Nachhinein beschlossenes Projekt keine Mittel mehr bereitstehen? Eine gute Sitzungsführung und Gestaltung der Schulkonferenz kann junge Menschen durchaus dazu animieren, sich stärker für öffentliche Angelegenheiten zu engagieren und damit an demokratischen Prozessen teilzuhaben. Dies kann gelingen, wie das folgende Beispiel zeigt. Die Schulleiterin einer Schule stellte den Schülerinnen und Schülern im Vorfeld einer Sitzung nicht nur ausreichend Informationsmaterial zu den einzelnen Tagesordnungspunkten zur Verfügung, sondern sie verabredete auch mit der Schülervertretung frühzeitig einen Besprechungstermin, um aufkommende Fragen zu beantworten und gegebenenfalls einzelne Tagesordnungspunkte zu erläutern. Hinzu kam, dass in der Tagesordnung explizit unter jedem Tagesordnungspunkt die Stellungnahme der Elternvertreter und die Stellungnahme der Vertreter der Schülerinnen und Schüler vermerkt waren.

▼

Schulkonferenzen dürfen nicht alles. Auf Druck der Eltern und mit Unterstützung der Lehrkräfte kam auf einer Schulkonferenz die in den Zeugnissen gewünschte Benotung der Schrift und der Heftführung auf die Tagesordnung. Offenbar sah der Schulleiter Gefahr im Verzug, wollte sich nicht gegen die große Mehrheit stellen und ließ über den Antrag abstimmen, zu den Kopfnoten im Sozial- und Arbeitsverhalten im Zeugnisformular noch Noten für Schrift und Heftführung hinzuzufügen. Flugs wurde zum nächsten Zeugnistermin das Formular geändert. Diese Änderungen blieben nicht unentdeckt. Auf Anweisung der Schulaufsicht durfte der Schulleiter der Schulkonferenz dann erklären, warum man, was er eigentlich wissen sollte, nicht über Zeugnisformulare abzustimmen habe.

Schülervertretung

Die Arbeit der Schülervertretungen ist an vielen Schulen ein leidiges Thema. Das Engagement der Schülerinnen und Schüler reicht von völliger Apathie bis hin zu hochambitioniertem Agieren. Dies ist sicherlich abhängig von den gewählten Vertreterinnen und Vertretern und außerdem davon, wie von Seiten der Schulleiterinnen und Schulleiter mit den Rechten der Schülerschaft umgegangen wird. Die Arbeit ist per se die große Chance, dass diese sich mit demokratischen Rechten und Pflichten vertraut macht und Mitsprache sowie Mitbestimmung praktiziert.

Gerade neu gewählte Schülervertretungen kommen anfangs nur schwer in Gang. Die Schulleitung kann dem entgegenwirken, indem man feste Besprechungstermine anbietet, an denen sie ihre Anliegen, ihre Kritik und Wünsche vorbringen können. Für die Schulleiterin bzw. den Schulleiter bieten diese Treffen Gelegenheit, sich gegenseitig über wichtige Angelegenheiten von allgemeiner Bedeutung zu informieren.

Entsprechend der Rechte der Schülervertretung muss die Schulleiterin bzw. der Schulleiter

- sie bei dringenden Angelegenheit jederzeit anhören;
- dafür sorgen, dass im Stundenplan eine Stunde für Besprechungen fest eingeplant ist;
- sie auf ihre Rechte bezüglich der Teilnahme an Konferenzen hinweisen;
- ihr einen Sitzungsraum zur Verfügung stellen, in dem sie zumindest über einen abschließbaren Schrank für ihre Unterlagen verfügt;
- ihr ein „schwarzes Brett“ für Mitteilungen zur Verfügung stellen; dies gilt ebenso für die Homepage der Schule;

Im Übrigen bieten die Schülervertretungsversammlungen für jede Schulleiterin und jeden Schulleiter ein angemessenes Forum, um mit den Schülerinnen und Schülern „ins Gespräch“ zu kommen.

Sinnvollerweise sollten die Schülervertretungen ihren Teil zu Veranstaltungen beitragen können. Einige Schulen haben auch gute Erfahrungen mit der Organisation von Patenschaften für „Neuankömmlinge“ durch die Schülervertretung gemacht. Nicht zu unterschätzen ist die Funktion der Schülervertretung, wenn sie zur Lösung von Konflikten zwischen Lehrkräften und Schülerinnen und Schülern eingeschaltet wird.

Budgetierung – Wie kommt eine Schule an Geld?

Schulen müssen durch die Umstrukturierung der Verwaltung der öffentlichen Hand zunehmend ihren eigenen Haushalt verwalten. Streng genommen geht es dabei um die Übertragung von Haushaltsrechten an die Schule. Absicht dieser Maßnahme ist die Stärkung der Selbstständigkeit der Schulen. Jede Schule bekommt entsprechend eines Schlüssels (Schulform, Schülerzahlen) ein Budget zugweisen. Verbunden mit der Mittelzuweisung ist die gegenseitige Deckungsfähigkeit einzelner Haushaltstitel zu prüfen. Die gegenseitige Deckung von zwei oder mehr Haushaltsstellen bedeutet, dass nicht verausgabte Beträge in einer dieser Haushaltsstellen Mehrausgaben einer anderen decken können. Außerdem können nicht in Anspruch genommene Mittel in das nächste Haushaltsjahr übertragen werden.

Im Rahmen der Aufgabenverteilung der Schulleitung ist es sinnvoll, die Verwaltung des Haushalts zu delegieren. Die Schulleiterin bzw. der Schulleiter wird sich ohnehin im Rahmen von Schulleitungsbesprechungen einen Überblick über die Ausgabensituation verschaffen. Außerdem sind besondere Vorgänge mit zwei Unterschriften zu versehen. Dazu gehören Abrechnungen und in der Regel auch Kontenführungen. Wichtig: Die Schulleiterin bzw. der Schulleiter hat auf jeden Fall die Gesamtverantwortung und die lässt sich bekanntlich nicht delegieren.

Die Budgetierung der Schulen erfolgt von Bundesland zu Bundesland unterschiedlich. „Selbstständige Schulen" verwalten den Haushalt sowohl des Schulträgers als auch den des Ministeriums. Nur in wenigen Fällen sind beide Haushalte zusammengeführt und gegenseitig deckungsfähig. In der Regel werden beide Budgets getrennt verwaltet.

Budget Ministerium	Budget Schulträger
Vertretungsmittel	Energiekosten
IT-Mittel	Sachausstattungen
Fortbildung	Instandhaltung
Lernmittelfreiheit	Büromaterialien
...	Ganztagsangebote

Für jedes Jahr ist ein Haushaltsplan zu erstellen, in dem die vorgesehenen Ausgaben aufgeführt sind. Das klingt einfach, ist es aber nicht immer. Wenn es ums Geldausgeben geht, setzen normalerweise die „Verteilungskämpfe" ein. Jede Fachkonferenz hat aus ihrer Sicht vordringliche und unbedingt notwendige Anschaffungswünsche. Diese im Einzelnen zu bedienen, gelingt in der Regel nicht, da die Anschaffungswünsche häufig den Budgetrahmen sprengen. Eine Verteilung durch die Schulleiterin bzw. den Schulleiter ohne Rücksprache mit den Fachkonferenzen ist nicht empfehlenswert. Eine Klärung strittiger Zuweisungen durch die Gesamt- und Schulkonferenz sollte im Vorfeld der Verabschiedung erfolgen.

Von daher ist die folgende Vorgehensweise ratsam: Unabhängig davon, ob ein Haushaltsausschuss eingerichtet ist oder nicht, sollte zunächst das Gesamtvolumen des Gesamtbudgets eines Haushaltsjahres bekanntgegeben werden. Ergänzt wird dieser Schritt sinnvollerweise durch die Offenlegung der Ausgaben für die einzelnen Fachbereiche aus dem abgelaufenen Haushaltsjahr. Dadurch wird transparent, wie viel Geld insgesamt ausgegeben wurde und in welchem Umfang einzelne Fachbereiche bedacht wurden. Auf dieser Grundlage können die Fachkonferenzvorsitzenden einen Vorschlag für das neue Haushaltsjahr machen. Der Schulleiterin bzw. dem Schulleiter verbleibt dann die Vermittlerrolle, falls keine Einigung möglich ist. Wichtig ist bei diesen Gesprächen die Beachtung der Schulentwicklungsvorhaben, die auf jeden Fall mit den notwendigen Ressourcen versorgt werden sollten.

Der verantwortliche Umgang mit den Haushaltsmitteln ist unerlässlich. Dieses Ansinnen kann nur gelingen, wenn die Beauftragten für einzelne Fach- oder Sammlungsräume (Informatik, Biologie, Chemie, Sport als Beispiele) in ihren Bemühungen um Ordnung und angemessene Pflege der Materialien von der Schulleitung unterstützt werden. Vor allem sollten alle Lehrkräfte angewiesen werden, sofort zu melden, wenn ein Gerät nicht mehr einsatzfähig ist. Es ist nicht gerade erfreulich, wenn eine Lehrkraft einen Beamer verwenden möchte und bei Unterrichtsbeginn feststellen muss, dass die Lampe kaputt ist. Eine schwierige Position im Haushalt des Ministeriums sind die zur Verfügung stehenden Mittel für Vertretungsunterricht. Sie müssen gut über das gesamte Haushaltsjahr verteilt werden, damit auch in den letzten beiden Monaten eines Jahres noch ausreichend Geld zur Verfügung steht. Oftmals werden Schulbücher beschädigt oder nicht zurückgegeben. Es muss auf jeden Fall gesichert sein, dass bei den Schülerinnen und Schülern das Geld für die Neuanschaffung eingetrieben wird.

Sponsoring und Fundraising

Unter Fundraising ist nicht nur die Beschaffung finanzieller Mittel zu verstehen. Es geht auch um die Beschaffung von Sachmitteln oder Dienstleistungen im Rahmen ehrenamtlicher Hilfe. Grundvoraussetzung ist, dass von der Schule keine wie auch immer geartete Gegenleistung zu erbringen ist. Hier verläuft die Grenze zum Sponsoring. Beim Sponsoring wird immer eine Gegenleistung erwartet. Firmen wollen sich in Schulen positionieren oder Imagepflege betreiben. Alle Bundesländer ziehen dem Sponsoring an Schulen zu Recht teilweise sehr enge Grenzen. Diese sind auf jeden Fall zu beachten. Im Gegensatz zum Förderverein kann es die Schule bei der Mittelbeschaffung durch Sponsoring sehr schnell mit dem Finanzamt zu tun bekommen. Gelegentlich, und hier ist besondere Vorsicht geboten, versuchen Firmen, unter dem Deckmantel des Sponsoring an Schülerlisten zu gelangen. Die Weitergabe ist aus Datenschutzgründen zu unterlassen!

Stiftungen oder auch Clubs wie z. B. der Lions-Club unterstützen Schulen gerne bei bestimmten Vorhaben, besonders bei vielfältigen Präventionsmaßnahmen. Beliebt sind auch Spenden der Sparkassen und Volksbanken.

Geld beschaffen leichter gemacht – Fördervereine

Es gibt innerhalb der Schule eine Reihe von Möglichkeiten, Geld durch besondere Veranstaltungen einzunehmen. Dazu gehören bekanntermaßen:

- Schulfeste
- Theatervorführungen
- Konzertabende
- Flohmärkte auf dem Schulhof
- Verkaufsstand auf dem Weihnachtsmarkt (vor allem in kleinen Ortschaften)

Bei diesen Anlässen lassen sich gut Getränke und Speisen verkaufen. Darüber hinaus kann selbst Hergestelltes wie z. B. Weihnachtskarten, Getöpfertes und Produkte aus dem Werkunterricht angeboten werden.

An größeren Schulen ergeben sich noch ganz andere Möglichkeiten. Wir wissen von Gymnasien, die Einnahmen rekrutieren, indem sie die schuleigene Big Band auf Veranstaltungen gegen Honorar spielen lassen oder die Veranstaltungstechnik sowie das Schülertechnikteam an Vereine vermieten.

Einnahmen der Fördervereine setzen sich aus Beiträgen und Spenden zusammen. Fördervereine sind in der Regel bei entsprechender Satzung gemeinnützig. Oftmals lassen sich Eltern bei Aufnahmegesprächen für eine Mitgliedschaft gewinnen. Die Schulleiterin bzw. der Schulleiter sollten die Arbeit offensiv unterstützen. Dies kann durch Ansprechen von Firmen und Unternehmen geschehen. Neben der sächlichen Ausstattung einer Schule sponsern die Fördervereine Projektwochen oder andere besondere Vorhaben. Zusätzlich fühlen sie sich verpflichtet, Schülerinnen und Schüler – und damit auch deren Familien – in sozialen Notlagen zu unterstützen (z. B. durch einen Zuschuss bei Klassenfahrten). Für die Schulleiterin bzw. den Schulleiter empfiehlt es sich, regelmäßig an den Vorstandssitzungen teilzunehmen, um entsprechende Wünsche vortragen zu können. In der Vergangenheit hat es sich als nützlich erwiesen, der Vorsitzenden bzw. dem Vorsitzenden des Fördervereins einen bestimmten Geldbetrag (z. B. einige hundert Euro) zur Verfügung zu stellen, über den sie bzw. er ohne Rücksprache mit dem Gesamtvorstand zur Unterstützung der Schule verfügen kann.

Öffentlichkeitsarbeit

Es steht außer Frage, dass eine Schule im eigenen Interesse Öffentlichkeitsarbeit betreiben soll. Häufig stellt sich allerdings die Frage, wie dies geschehen kann. Folgt man einer Untersuchung zu schulischer Öffentlichkeitsarbeit (Ittel/Wakenhut 3/2010), liegt diese Aufgabe mit Ausnahme des Internetauftritts in 80 Prozent aller Fälle in der Hand der Schulleiterin bzw. des Schulleiters. Es stellt jedoch keinen Ausweis von Professionalität dar, wenn eine solch wichtige Aufgabe von einer Person allein geschultert wird.

Fast durchgängig konnten wir beobachten, dass die Pressearbeit sich vor allem auf zwei Schwerpunkte fokussiert: auf schulische Veranstaltungen und die Verabschiedung von Lehrkräften sowie Schülerinnen und Schülern. Auf den Homepages der Schulen zeigt sich ein weitaus differenzierteres Bild. Hier werden Informationen über wichtige Termine, besondere Aktivitäten und die Sprechstunden der Lehrkräfte und der Schulleitung veröffentlicht; meist finden sich auch Dokumente wie das Schulprogramm, Konzepte zur Ganztagsschule oder zu besonderen Fördermaßnahmen.

Für eine Organisation, die ständig unter Beobachtung der Öffentlichkeit steht, ist die Frage nach der richtigen Art und Weise des Informationsflusses unter Berücksichtigung der anzusprechenden Zielgruppen unerlässlich. Zunächst einmal einige Worte zu den Zielgruppen.

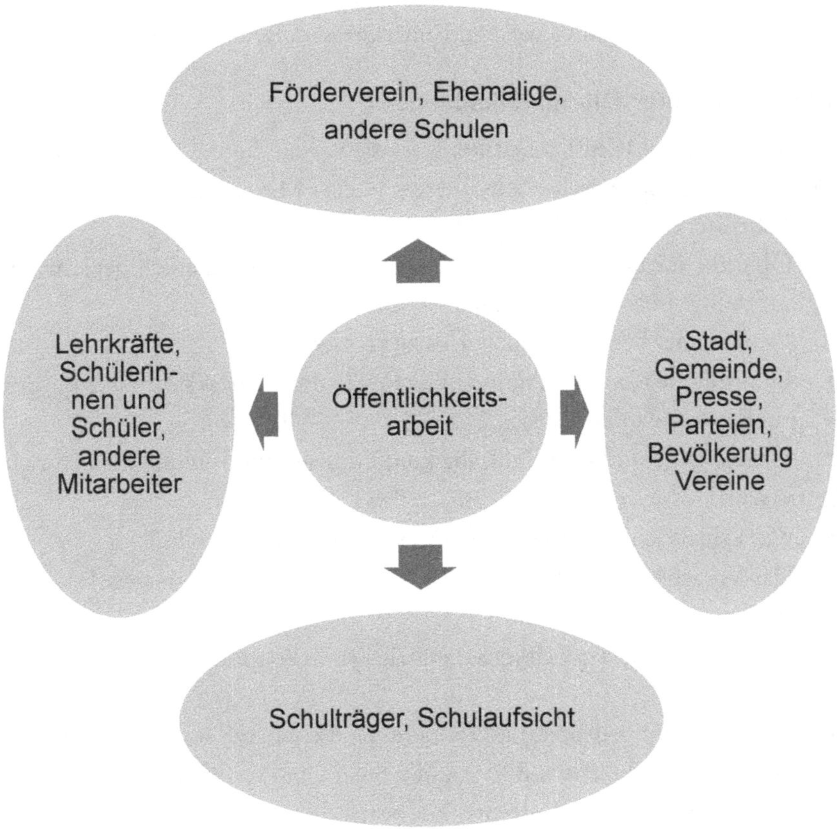

Abb. 22: Öffentlichkeitsarbeit

Dem Wort „Öffentlichkeitsarbeit" lässt sich leicht ablesen, an welche Adressaten die Schule sich richtet. Auch Lehrkräfte, Eltern sowie Schülerinnen und Schüler müssen dazu gerechnet werden. Nicht alle Lehrkräfte sowie Schülerinnen und Schüler nehmen an jeder Veranstaltung teil noch erfahren sie Aktuelles über das Projekt einzelner Klassen. Vor allem die Eltern sind interessiert an den unterschiedlichen Aktivitäten der Schule. Öffentlichkeitsarbeit wirkt aber immer auch in die Schule hinein. Jede Schule wird aus bestimmten Anlässen in der Presse von anderen Institutionen oder auch Parteien erwähnt. Sei es, dass der Schulträger bekannt gibt, wie zukünftig die naturwissenschaftlichen Räume ausgestattet werden, oder ein Politiker die Unterrichtsversorgung einer Schule zum Gegenstand einer Pressemitteilung macht.

Merkmale guter Öffentlichkeitsarbeit

Basis einer guten Öffentlichkeitsarbeit ist die Verständigung auf einige Grundsätze für alle publizistischen Aktivitäten. Holger Mittelstädt nennt sieben wesentliche Merkmale (Buchen/Rolff 2006):

- „Öffentlichkeitsarbeit muss systematisch und kontinuierlich geplant und darf damit nicht dem Zufall überlassen werden."
- „Es ist immer besser, zu agieren als zu reagieren."
- „Die geplante Kommunikation muss so stattfinden, dass sie für alle Bezugsgruppen nachvollziehbar ist."
- „Jede Aussage und jede Zahl, die kommuniziert wird, muss sachlich richtig sein."
- „Wer Öffentlichkeitsarbeit betreibt, muss glaubwürdig sein."
- „Das Vorgehen in der Öffentlichkeitsarbeit muss inhaltlich zwischen allen Beteiligten abgestimmt sein."
- „Die Öffentlichkeitsarbeit muss langfristig und kontinuierlich durchgeführt werden."

Zusammengefasst bedeutet dies, sporadische Aktivitäten sind nicht dafür geeignet, ein aussagekräftiges Bild von der Schule in der Öffentlichkeit zu vermitteln. Es bedarf eines Konzepts, um beabsichtigte Wirkungen zu erzielen. Dazu gehört auch die Klärung der Frage, welche Aufgaben und Tätigkeiten mit Veröffentlichungen verbunden werden und wer sie im Einzelfall übernimmt.

Planung von Öffentlichkeitsarbeit

Die Öffentlichkeitsarbeit kann zwar an andere Schulleitungsmitglieder oder beauftragte Lehrkräfte übertragen werden, dies ändert aber nichts daran, dass letztendlich die Schulleiterin bzw. der Schulleiter die Verantwortung für alle diesbezüglichen Aktivitäten trägt. Umso wichtiger ist es, schon zu Beginn eines Schuljahres unabhängig von aktuellen Ereignissen festzulegen, mit welchen Themen und Veranstaltungen die Schule in die Öffentlichkeit gehen möchte. Diese Themen sind zumeist im Jahresterminkalender festgehalten. Dazu gehören:

- Tag der offenen Tür
- Theaterveranstaltungen
- Austauschfahrten
- Projektwochen
- Klausurwochen
- Entlassungsfeiern
- Schülerwettbewerbe
- Betriebspraktika
- Jubiläen
- Sportveranstaltungen
- besondere Ehrungen

Daneben gibt es Ereignisse, die sich Schulleiterinnen und Schulleiter nicht wünschen, die aber einer Reaktion in der Öffentlichkeit bedürfen. Beispiele gibt es hierfür genug. Da muss zum Schulhalbjahr die Zusammenlegungen oder Teilung von Klassen vorgenommen werden, wogegen sich Eltern massiv wehren, u. a. indem sie die Presse informieren. Oder aufgrund von Terminschwierigkeiten wird der geplante Umbau des naturwissenschaftlichen Traktes nicht fertig, ein Unterrichten in den Fachräumen ist für die kommenden Monate daher nicht möglich. Hier ist jeweils eine Pressemitteilung zur Klärung des Sachverhalts sinnvoll. Oder die Presse erfährt aus politischen Kreisen, dass an der Schule vermehrt Flüchtlinge aufgenommen werden müssen. Daraufhin will sie von der Schulleitung wissen, wie sie beabsichtigt, damit umzugehen.

Für solche Fälle empfiehlt sich ein Krisenplan, um in der Öffentlichkeit angemessen reagieren zu können. Es stellen sich in der Regel folgende Fragen:

- Stimmt die Information und ist sie in der Sache korrekt?
- Wer muss informiert werden? (Das können je nach Anlass sehr unterschiedliche Personen sein. Wichtig ist, Lehrkräfte und Eltern zu informieren und die geplante Vorgehensweise offenzulegen, um Gerüchten zuvorzukommen.)
- Sind die Schulaufsicht und der Schulträger zu informieren?
- Müssen die Polizei oder weitere Behörden, z. B. das Gesundheitsamt, informiert werden?
- Wie will die Schule auf das Ereignis reagieren? (Gegebenenfalls ist die Abstimmung mit vorgesetzten Behörden notwendig oder sinnvoll.) Eine Reaktion kann durch ein Pressegespräch, einen Presseartikel oder einen Leserbrief erfolgen.
- Zur Klärung des Sachverhalts werden die „Konfliktträger" zu einem gemeinsamen Gespräch eingeladen.
- Die Eltern werden in Form eines Rundbriefes informiert.
- Wer kann die Schule bei der richtigen Vorgehensweise unterstützen?

Ein solcher Krisenplan sollte auf jeden Fall wichtige Telefonnummern, E-Mailadressen und Ansprechpartner in den Redaktionen der Zeitungen bereithalten. Darüber hinaus ist sicherzustellen, dass bestimmte Personen (z. B. Vertrauenslehrkraft, Schulpsychologie) erreichbar sind. Es muss Klarheit darüber herrschen, wer sich in welcher Situation wem gegenüber äußern darf und wer nicht.

Publikationsmittel

Publikationen sind umso einprägsamer, je höher der Wiedererkennungswert ist. Dies ist durch ein entsprechendes Logo und bestimmte Farben zu erreichen.

Für die interne und externe Kommunikation eignen sich:

- Informationstafeln
- Plakate
- Broschüren

- Schaukästen
- Elternbriefe
- Schulzeitungen
- Jahrbücher
- Flyer
- Pressemitteilungen
- Newsletter per Eltern-Mail
- Internetauftritt

Vor allem der Internetauftritt wird immer wichtiger. Er muss allerdings ständig gepflegt werden, denn es macht keinen guten Eindruck, wenn unter der Rubrik „Termine" kurz vor den Sommerferien auf die Weihnachtsfeier vom Vorjahr hingewiesen wird. Eltern, die beabsichtigen, ihr Kind an der Schule anzumelden, wollen informiert werden über Ganztagsangebote, Förderprogramme, zusätzliche Unterrichtsangebote und vieles mehr.

Veranstaltungen

Veranstaltungen sind ein wichtiges Aushängeschild für jede Schule. Hier zeigt sich, wie gut eine Veranstaltung geplant und durchgeführt wird. Solch öffentlichkeitswirksame Veranstaltungen können sein:

- Abschlussfeiern
- Ausstellungen
- Theater- und Musikabende
- Tag der offenen Tür
- Teilnahme an öffentlichen Festen
- Teilnahme an Wohltätigkeitsveranstaltungen
- Informationsveranstaltungen (Bei solchen Veranstaltungen ist zu klären, wer die Teilnehmer der Veranstaltung begrüßt und wer persönlich begrüßt werden muss. Auch das Ambiente sollte wohlüberlegt sein und bei besonderen Veranstaltungen können durchaus auch Getränke und Kleinigkeiten zum Essen angeboten werden.)

Schulen, vor allem weiterführende, stehen zunehmend unter Konkurrenzdruck. In ländlichen Regionen „kämpfen" die Schulen aufgrund zurückgehender Schülerzahlen mittlerweile um jede einzelne Schülerin und um jeden einzelnen Schüler. Umso wichtiger ist der Eindruck, der von der Schule in der Öffentlichkeit entsteht. Wenn dieser noch belegbar ist mit einer professionellen Arbeit aller Verantwortlichen (und hier sind nicht nur die Schulleitungen gemeint), wird die erhoffte Wirkung nicht ausbleiben.

Eine wichtige Frage zum Schluss: Wie kann eine Schule eine umfängliche Öffentlichkeitsarbeit finanzieren? Wir können keinen Königsweg beschreiben. Presseinformationen oder Elternbriefe verursachen außer für Kopien keine weiteren Kosten. Schwierig wird es schon, wenn ein Jahrbuch und Plakate hergestellt werden müssen. Hier können sicherlich die Fördervereine finanziell unterstützen. Wenn dies nicht ausreicht, können z. B. Jahrbücher verkauft werden. Das reicht in der Regel aber nicht aus. Es ist mittlerweile durchaus üblich, dass Firmen und Betriebe in schulischen Publikationen Anzeigen schalten. Die Auswahl sollte recht sorgfältig vorgenommen werden, da es wohl schwer zu vertreten ist, wenn Reiseveranstalter in einer Anzeige Abschlussjahrgänge mit besonders günstigen Angeboten Richtung Süden locken und auf die günstigen Preise für Alkoholika am Urlaubsort hinweisen.

Jahresgespräche

Immer mehr Schulleiterinnen und Schulleiter nutzen das Jahresgespräch zur gemeinsamen Bilanzierung der Arbeit der Lehrkräfte. Es geht nicht nur um den Unterricht der Lehrkraft in den einzelnen Lerngruppen, sondern auch um die Arbeitsbedingungen, die Zusammenarbeit mit anderen Lehrkräften und die damit verbundenen Arbeitsschwerpunkte. Dafür sollten Perspektiven für die kommenden ein, zwei Schuljahre entwickelt werden, einhergehend mit möglichen Qualifizierungsmaßnahmen zur persönlichen Weiterentwicklung. In einem solchen Gespräch dürfen Schwierigkeiten oder gar Konflikte nicht ausgespart werden. Es geht auch darum, gegebenenfalls Überlegungen und Vereinbarungen zur Verbesserung der Arbeitssituation zu treffen.

Jahresgespräche sind zu unterscheiden von Beratungsgesprächen und Gesprächen anlässlich einer dienstlichen Beurteilung. Diese wiederum haben verschiedene Strukturen.

Beratungsgespräch	Gespräch anlässlich einer dienstlichen Beurteilung
Darstellung des Konflikts bzw. des Problems	Gesprächsgrundlage: Unterrichtsbesuch und Arbeitsleistung
Klärung des Gesprächsziels	Festgelegter Kriterienkatalog
Bearbeitung des Konflikts bzw. des Problems	Begründung der dienstlichen Beurteilung durch die Schulleiterin bzw. den Schulleiter
Erarbeitung von Lösungsoptionen	Schriftliche Vorlage der dienstlichen Beurteilung und Kenntnisnahme durch die Lehrkraft
Entscheidungsfindung	Geht in die Personalakte ein
Ergebnisprotokoll (Vertraulichkeit ist gewährleistet)	

Gerade für neue Schulleiterinnen und Schulleiter ist es notwendig, sich intensiv mit der Führung von Jahresgesprächen auseinanderzusetzen. Eine qualifizierte Fortbildung kann ebenfalls sehr hilfreich sein. Bevor wir eine mögliche Gesprächsstruktur vorstellen, zunächst einige grundsätzliche Hinweise.

- Das Gespräch frühzeitig ankündigen und nicht in unmittelbarem Zusammenhang mit einem vorangegangenen Konflikt oder einer Auseinandersetzung führen.
- Die Gesprächsinhalte offenlegen.
- Themenwünsche der Lehrkräfte erbitten und deutlich machen, dass eine Rückmeldung an die Schulleiterin bzw. den Schulleiter ausdrücklich erwünscht ist.
- Sich gründlich über die Arbeit der Lehrkraft informieren.
- Sich die eigenen Ziele des Gesprächs klarmachen (beispielsweise die Lehrkraft für ein bestimmtes Schulentwicklungsprojekt oder für die Übernahme von Schulleitungsaufgaben gewinnen).
- Genau überlegen, wie das Feedback über die geleistete Arbeit formuliert werden soll.

  Wichtiger Grundsatz: Nicht in Absichten denken, sondern in Wirkungen. Vor allem bei Kritik, und sei sie noch so berechtigt, ist vorab zu überlegen, wie sie von der Lehrkraft aufgenommen wird und welche Konsequenzen zu erwarten sind. Kritik zu formulieren ist nicht einfach. Zwei Grundsätze müssen auf jeden Fall beachtet werden. Kritik sollte frei von Emotionen sachlich formuliert und die daraus folgenden Schlüsse sollten ausführlich sowie verständlich begründet werden.

- Eigene Erwartungen und Absichten formulieren.
  Wenn damit Veränderungen für die Lehrkraft verbunden sind, muss sie von dem Anliegen überzeugt sein oder werden. Ausgangspunkt ist idealerweise ein gemeinsames Problembewusstsein. Dies herauszufinden, ist Aufgabe der Schulleiterin bzw. des Schulleiters.
- Überlegen, wie eine mögliche Entlastung oder Unterstützung aussehen könnte.
  Dieser Punkt ist besonders sorgsam zu überlegen. Einmal gegebene Zusagen können zwar zurückgenommen werden, aber selten wird die bzw. der Betreffende dafür Verständnis haben. Sind berechtigte Erwartungen nicht erfüllt worden, führt das zu Enttäuschung.
- Fragen überlegen, mit denen herausgefunden werden kann, ob die Lehrkraft ihre Arbeit als sinnvoll und befriedigend erlebt.
  Lehrkräfte sehen ihren eigenen Unterricht als eher wenig belastend und gehen in der Regel gern in „ihre“ Klasse. Die Identifikation mit der Schule steht in engem Zusammenhang mit dem kollegialen Austausch, dem guten Verhältnis zu den Schülerinnen und Schülern sowie zu Freundschaften mit einzelnen Kolleginnen und Kollegen.
- Gibt es im Vorfeld Hinweise auf eine mögliche Überlastung der Lehrkraft?
  In den meisten Gesprächen, so die Erfahrungen aus vielen Gesprächen mit Schulleiterinnen und Schulleitern, sind Geduld und wohlüberlegtes Handeln eine nicht ständig vorhandene Ressource bei Lehrkräften. Es gilt also genau hinzuhören, wie die Arbeitssituation subjektiv erlebt wird. Allein eine hohe Arbeitsbelastung ist nicht entscheidend. Wie diese erlebt wird, hängt von der persönlichen Einsatzbereitschaft und Stressresistenz ab. Diese Feststellung gilt im Übrigen auch für Schulleiterinnen und Schulleiter.

Ein Schulleiter hat uns freundlicherweise seine Gesprächsstruktur zur Verfügung gestellt, die wir leicht modifiziert haben.

Entwicklungsorientiertes Jahresgespräch – Gesprächsfelder	Fragestellungen
Erwartungen an das Gespräch	Was muss erfolgen, damit ich sage, das Gespräch hat sich für mich gelohnt?
Meine Stärken	Was ist an mir gut? Was sind meine Stärken? Was kann ich damit mit meinen Schülerinnen und Schülern tun?
Aktuelle Stärke	Was gelingt mir augenblicklich besonders gut? Woran erkenne ich das? Wie mache ich es, dass es mir gelingt?
Entwicklung zu diesen Stärken	Wie habe ich diese Kompetenzen entwickelt? Was half mir dabei?
Selbstwahrnehmung – Fremdwahrnehmung	Gab es bereits einmal Rückmeldungen über das eigene Verhalten (von Schülern, Eltern, Kollegen, Schulleitung)? Gibt es Unterschiede in der Selbst- und Fremdwahrnehmung und wie gehe ich damit um?
Weitere Entwicklung	Was möchte ich noch besser machen? Wie will ich das angehen? Brauche ich dazu Unterstützung?
Vereinbarungen (bis zum/für das nächste Gespräch)	

Die oben genannten Gesprächsfelder wurden angebunden an folgende Themen:

- Lernen erfolgreicher machen – Sicherstellung von Unterrichtsqualität (Bezug zum vorausgegangenen Unterrichtsbesuch)
  Dazu gehören die Bereiche:
  - soziales und selbstständiges Lernen
  - praxisorientiertes und strukturiertes Lernen
  - Aufbau von Kompetenzen
- Arbeitsweisen, die bereichern – Kooperationsstrukturen in Zusammenarbeit mit Kolleginnen und Kollegen
- Einschätzungen und Empfindungen im Umgang mit anderen Lehrkräften, Schülerinnen und Schülern, Eltern und Schulleitung; gegebenenfalls weitere hinzufügen (Mitarbeiter der Nachmittagsbetreuung, Sekretärin und Hausmeister)
- Wo soll die Schule in fünf Jahren „stehen"?
- Wie sollte eine Schule aussehen, in der ich mich wohlfühle?

▼
Wenn eine Schulleiterin bzw. ein Schulleiter neu an eine Schule kommt, kann es durchaus sein, dass bislang keine Jahresgespräche durchgeführt wurden. Dies kann verschiedene Ursachen haben. Bei allen Bedenken, die meist aus Unkenntnis und Furcht vor Veränderung geäußert werden, sind Mitarbeitergespräche ein wichtiges Führungsinstrument. Keinesfalls schädlich ist die rechtzeitige Einbeziehung des Personalrats, um sich nicht zuletzt über inhaltliche Schwerpunkte mit diesem abzustimmen. Ihm sind im Sinne vertrauensbildender Maßnahmen die Struktur, der Inhalt und der Umgang mit den Ergebnissen der Mitarbeitergespräche transparent darzulegen. Gleiches gilt für die Gesamtkonferenz. Hier ist der Rahmen, wo Kritik, Bedenken, Vorbehalte sowie offen Fragen besprochen werden müssen.

In größeren Systemen wird es so sein, dass nicht alle Jahresgespräche durch die Schulleiterin bzw. den Schulleiter geführt werden. Für das Kollegium ist es wichtig, dass sie erfahren, nach welchen Kriterien Jahresgespräche an ein anderes Schulleitungsmitglied übertragen werden.

Zusammenarbeit mit vorgesetzten Behörden – Schulträger, Schulamt

Schon die Überschrift für dieses Kapitel mag für den ein oder anderen gewagt klingen. Leider passt die Begrifflichkeit „Zusammenarbeit" nicht immer zu dem Verhältnis, das sich zwischen der Schulleiterin bzw. dem Schulleiter und den vorgesetzten Behörden entwickelt hat. Oft ist leider ein kultiviertes Gegeneinander entstanden, das auf Hierarchiedenken, nicht wahrgenommenen Verantwortlichkeiten, persönlicher Antipathie oder nicht gelingender Kommunikation fußt.

Auf der Seite der Schulleiterin bzw. des Schulleiters sollte klar sein: Wie sich die Zusammenarbeit mit der vorgesetzten Behörde gestaltet, hängt in erster

Linie davon ab, was ich von dieser erwarte, wie ich meine Erwartungen und Ansprüche vortrage und dementsprechend wie ich mich selbst in diesem Abhängigkeitsverhältnis verstehe. Dabei wird die Frage nach der Kommunikation mit Vorgesetzten auch zur Frage nach dem Selbstverständnis in der Rolle der Schulleiterin bzw. des Schulleiters mit der Letztverantwortung für ein ganzes System.

„Generell gilt dabei, dass ein möglichst konstruktives und kooperatives Klima in Respekt und Kenntnis von den Aufgaben und Schwierigkeiten des jeweils anderen Partners für Wirksamkeit und Erfolg am förderlichsten ist. Und Schulleitungen sind gut beraten, wenn sie sich im Rahmen dieser Zusammenarbeit an der Klärung der folgenden Fragen orientieren:

- Welche Aufgaben und welche Rolle habe ich generell und bei konkreten Anlässen in der Zusammenarbeit mit meiner Schulaufsicht?
- Welche Erwartungen sind dabei und von wem an mich gerichtet (Kollegium, Schulkonferenz, Schulträger, Schulaufsicht)?
- Welche Ziele verfolge ich im Interesse meiner Schule?
- Bin ich dabei hinreichend selbstbewusst sowie auch kompromissbereit?
- Welche Handlungsmittel habe ich zur Durchsetzung dieser Ziele?“

(Priebe 2017, 42)

Eine konstruktive Zusammenarbeit wird getragen durch gegenseitiges Vertrauen; Vertrauen in Abläufe, Verfahren, Handlungsmaximen. Klar sollte sein, dass kritikwürdiges Verhalten auch kritisiert werden muss, dies aber nicht auf der persönlichen Ebene stattfindet.

Eine vertrauensvolle und auf gegenseitiger Wertschätzung beruhende Zusammenarbeit mit Schulaufsicht und Schulträger kann sich von folgenden Grundsätzen leiten lassen:

- Sich verantwortlich zeigen: Schulleiterinnen und Schulleiter tragen die Gesamtverantwortung für ein ganzes System. Sie sollten sich vorab informiert haben und in ihren Teams Lösungsansätze diskutiert haben, bevor sie sich an die vorgesetzten Behörden wenden.
- Bälle zurückspielen: Schulleiterinnen und Schulleiter werden häufig überflutet von Post und Anrufen der vorgesetzten Behörden. Die Bewältigung der Informationen und Anfragen kann eine Herausforderung darstellen.

Anfragen, die verunsichern oder nicht so ohne Weiteres bearbeitet werden können, bleiben oft länger liegen und die Bearbeitung wird immer weiter nach hinten geschoben. Hier gilt: Unsicherheiten und Fragen umgehend formulieren und der vorgesetzten Behörde zurückmelden. Das verschafft Zeit und führt im besten Fall zur Klärung.

- Mit ins Boot holen: Die Verantwortlichen in den vorgesetzten Behörden sind für viele Systeme zuständig und verfügen somit über profunde Kenntnisse und Erfahrungen im Hinblick auf die Bewältigung von Krisen und Konflikten, Schulentwicklungsthemen oder bildungspolitischen Vorgaben. Ihre Expertise kann bei der Umsetzung von Zielen immens hilfreich sein.
- Sich absichern: Es ist völlig falsch verstandener Stolz, wenn Schulleiterinnen und Schulleiter ihre Energien vor allem darauf verschwenden, Konflikte und Krisen in ihren Systemen vor der Aufsicht verborgen zu halten. Ganz im Gegenteil kann es äußerst befreiend wirken, wenn man die Situationen in Ruhe vorträgt und sich zum weiteren Vorgehen beraten lässt. Dies kann auch in einer Runde mit Aufsichtsbeamten, Juristen und Psychologen erfolgen.
- Kurze Wege gehen: Kooperationspartner, Unterstützer, Schulpsychologen, Juristen, Personalsachbearbeitung sollten direkt und nicht über die Aufsichtsbeamten angesprochen werden. Diese kann man in relevanten Fällen in „cc" setzen.
- Gesichter kennen/sich bekannt machen: Es macht nur Sinn, die Menschen in den vorgesetzten Behörden zu kennen, mit denen man vorrangig zu tun hat. Auch hier lohnen ein Antrittsbesuch und ein Händeschütteln. Außerdem ist das eine Frage der Höflichkeit.
- Feedback: Die Schulleiterin bzw. der Schulleiter und die Vertreterin bzw. der Vertreter der Schulaufsicht sollten regelmäßige Feedbackschleifen vereinbaren.

▼

Souverän und eigenverantwortlich geht anders – drei Beispiele:

Die Schulleitung eines kleinen Systems wendet sich immer wieder mit Fragen zu Allgemeinplätzen an Aufsicht und Schulträger. Darauf verwiesen, dass man die erfragten Informationen auch problemlos nachlesen könne, verweist die Schulleitung darauf, dass sie sich nur absichern wolle. Die vorgesetzten Behörden müssen die Schulleitung mehrfach auf ihre Rolle in einer eigenverantwortlichen Schule hinweisen.

Die Schulleitung eines anderen Systems informiert die Schulaufsicht über problematische Schülerfälle und möchte mit dieser abstimmen, welche pädagogischen Maßnahmen bzw. Ordnungsmaßnahmen zu ergreifen sind. Auch hier gilt: Die Verantwortung trägt die Schulleitung. Diese zeigt sich nicht gerade im besten Licht, wenn sie in solchen Standardfragen des Alltags, für die in erster Linie die Klassenkonferenzen zuständig sind, nach aufsichtlichem Zuspruch fragt.

Die Schulleitung einer weiterführenden Schule listet in einer E-Mail mehrere Schülerinnen und Schüler auf, die seit Längerem dem Unterricht fernbleiben. Von der Schulaufsicht möchte die Schulleitung wissen, was sie jetzt machen solle. Auch hier gilt: Die Schulleitung trägt die Verantwortung und muss sich fragen lassen, wie es überhaupt zu so einer Liste kommen konnte und warum bis dato keine Maßnahmen ergriffen wurden.

Schon allein im Sinne der persönlichen Weiterqualifizierung macht es nur Sinn, sich vorab im Schulgesetz oder auch bei anderen Schulleiterinnen und Schulleitern informiert zu haben und nicht völlig unbedarft bei den Juristen, Schulaufsichtsbeamten oder Vertretern des Schulträgers anzufragen. Schulleiterinnen und Schulleiter, die die vorgesetzten Behörden mit Fragen beschäftigen, die man sich durch ein erhöhtes Bemühen der eigenen Lesekompetenz bequem auch selbst hätte beantworten können, hinterlassen einfach keinen guten Eindruck. Es fällt schwer, sie als Experten und Verantwortliche für das eigene System ernst zu nehmen.

Zur Kommunikation mit den Vorgesetzten

Schulleiterinnen und Schulleiter sollten bedenken, dass sich die skurrilsten Problemlagen – ähnlich wie in der Nahrungskette – bei den Schulaufsichtsbehörden akkumulieren. Denn in der Regel landen vor allem diese – gefolgt von ernsthaften, belustigenden bis hin zu höchst alarmierenden oder unverschämten Anfragen – auf den Schreibtischen der Schulaufsichtsbehörden. Die Schulaufsichtsbeamten sind in der Regel für viele Schulen unterschiedlicher Schulformen zuständig und somit auch entsprechend eingespannt und zudem in einer Sandwich-Position zwischen Schulen und Ministerien befindlich. Um notwendige Auskünfte und Antworten zeitnah zu erhalten, macht es in einigen Fällen Sinn, sich darüber zu verständigen, wie die Kommunikation rein organisatorisch ablaufen soll.

Eine ganz andere Frage ist, wie mit Schulleiterinnen bzw. Schulleitern gesprochen wird und wie diese wiederum mit den vorgesetzten Behörden kommunizieren. Ein anschauliches Modell aus der Transaktionsanalyse, das Hinweise auf gelingende Kommunikation und das Aufbrechen eingefahrener Muster gibt, ist das des Dramadreiecks. Dieses Modell geht davon aus, dass Menschen in einer Gesprächssituation aus tradierten Rollen heraus agieren. Dieses bedeutet keinesfalls, dass man immer in einer Rolle bleibt. Die konkrete Situation ist bestimmend.

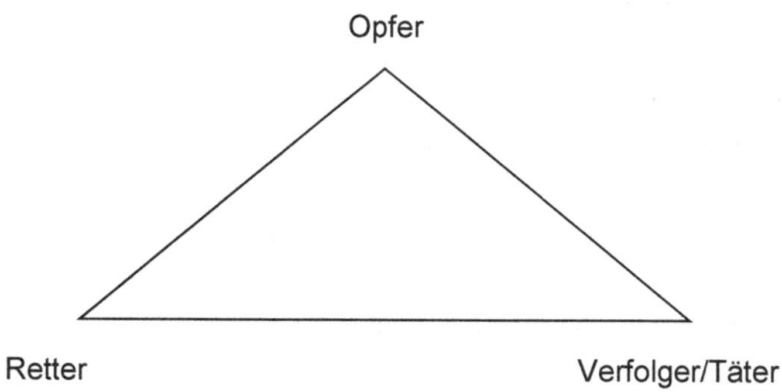

Abb. 23: Dramadreieck

Opfer: unterschätzt/verneint eigene Handlungsmöglichkeiten und Fähigkeiten; lehnt Verantwortung ab; überlässt anderen die Lösung.

Verfolger/Täter: überschätzt eigene Handlungsmöglichkeiten; blendet Schwächen aus; unterschätzt die Fähigkeiten anderer; gibt sich strafend; sucht Fehler.

Retter: überschätzt eigene Handlungsmöglichkeiten; unterschätzt Fähigkeiten der anderen; blendet Schwächen aus; übernimmt Verantwortung, obwohl die andere Person sie tragen könnte.

Alle Positionen beinhalten Abwertungen. Die Kommunikation aus diesen Positionen heraus wird zunehmend abwertender und destruktiver.

Vor allen Dingen die Konstellationen Opfer – Retter oder Opfer –Täter finden sich in der Kommunikation zwischen Schulleiterinnen bzw. Schulleitern und ihren Vorgesetzten wieder. Wenn die verantwortliche Person für ein schulisches System in der Haltung des Opfers mit der Schulaufsicht z. B. über vermehrte Auseinandersetzungen mit Lehrkräften kommuniziert, spricht sie oder er eine Einladung an die Schulaufsicht aus, in das Dramadreieck einzusteigen. In das Dreieck eingetreten, kann die Aufsicht nun die Haltung des Täters oder des Retters einnehmen. Der Täter spricht aus einer kritisierenden Perspektive heraus, der Retter aus einer fürsorglichen. Bei beiden Konstellationen gibt die Schulleitung Verantwortung ab und steht dafür, nicht zu wissen, was zu tun ist. Die Aufsicht wiederum nimmt Verantwortung von der Schulleitung weg und übernimmt die Ansicht, dass die Schulleitung bestimmte Fähigkeiten einfach nicht besitzt oder gewisse Handlungsmöglichkeiten nicht hat oder haben möchte. In dieser Konstellation wird es langfristig keine zufriedenstellende Kommunikation zwischen Schulleitung und Aufsicht geben. Die Schulleitung nimmt die Aufsicht zu ernst, was äußerst bequem werden kann, weil eigene Verantwortung abgegeben wird. Und Schulaufsicht nimmt sich selbst zu ernst, was in eigener Überlastung oder zunehmender Überwachung der „Opfer-Schulleitung“ münden kann.

Verantwortung für sich selbst übernehmen und Erwartungen an den anderen klären sind adäquate Mittel, um das Dramadreieck zu verlassen und ins Gewinnerdreieck einzusteigen.

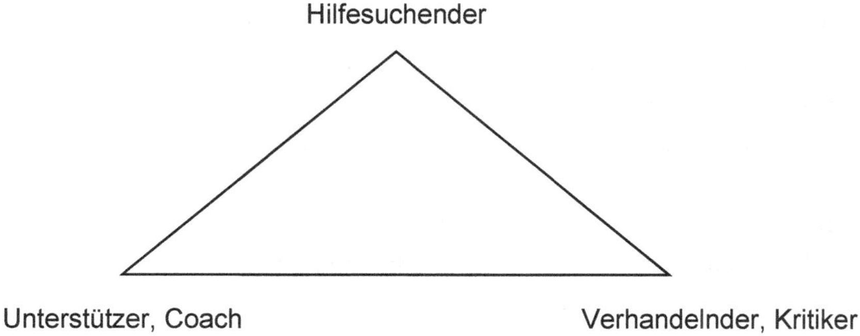

Abb. 24: Gewinnerdreieck

Hilfesuchender: erkennt eigene Handlungsmöglichkeiten und Fähigkeiten; schätzt eigene Grenzen realistisch ein; erkennt die Verantwortung; fragt nach Unterstützung.

Verhandelnder/Kritiker: erkennt eigene Handlungsmöglichkeiten; setzt Grenzen; bietet Orientierungshilfen; kann Fähigkeiten und Interessen anderer anerkennen.

Unterstützer/Coach: erkennt eigene Handlungsmöglichkeiten; weiß, dass seine Lösung nicht unbedingt die des anderen sein muss; ist wertschätzend in Bezug auf die Fähigkeiten der anderen Person und fordert diese ein; lässt die Verantwortung bei der anderen Person in dem Maße, in dem diese die Verantwortung auch tragen kann.

Die drei Positionen des Gewinnerdreiecks sind durch Wertschätzung geprägt. Die Kommunikation zwischen Schulleiterinnen bzw. Schulleitern und ihren Vorgesetzten sollte im Gewinnerdreieck erfolgen. Dies ist zwar kein Garant für gelingende Kommunikation, beinhaltet aber die Wertschätzung der Gesprächspartner und grundsätzlich eine positive Gesprächshaltung. Die Schulleiterinnen und Schulleiter werden als Experten anerkannt und die Kommunikation mit der vorgesetzten Behörde kann auf Augenhöhe stattfinden. (In Anlehnung an Kleemann, http://gehirnonline.de/arbeit-mit-der-transaktionsanalyse-grundlagen-zum-drama-dreieck/ 15. 8.2017)

Oelkers, Jürgen u. a. 2017: Schulaufsicht. In: Lernende Schule. Heft 78.

Wie heißt es so schön? – Office- und Facility Management

Wer sich an die eigene Schulzeit erinnert, wird sicherlich, aus welchen Gründen auch immer, an bestimmte Lehrkräfte denken. Immer hat man aber auch die Sekretärin und den Hausmeister vor Augen, die geholfen, getröstet oder auch einen guten Ratschlag gegeben haben. Ja, das waren noch Zeiten: Früher hieß die „Office Managerin“ noch Sekretärin und der „Facility Manager“ Hausmeister. Trotz neuer Berufsbezeichnung ändert das nichts an ihren Aufgaben. Beide sind enorm wichtig für die Arbeit der Schulleiterin bzw. des Schulleiters. Im Sekretariat laufen die zentralen Verwaltungsaufgaben zusammen – und davon gibt es eine ganze Reihe. Beim Hausmeister dreht sich alles ums Schulgebäude, die Ausstattung der Räume (vor allem der Fachräume), um die Technik und die Bestuhlung bei besonderen Veranstaltungen und um die Beaufsichtigung der Reinigung des Gebäudes sowie des Geländes.

Grundsätzlich ist die Arbeitsplatzbeschreibung sowohl der Sekretärin als auch des Hausmeisters zu beachten. Je nach Arbeitgeber (in der Regel sind das die Landkreise oder auch Städte) wird darauf geachtet, ob vor allem im Sekretariat Verwaltungsaufgaben übernommen werden, die eigentlich durch Landesbeamte geleistet werden sollten. Wir wissen um die Schwierigkeit, eine entsprechende Trennschärfe herzustellen. Die Erfahrung zeigt, dass bei entsprechenden Absprachen mit der Schulleiterin bzw. dem Schulleiter eigentlich keine Schwierigkeiten auftreten sollten.

▼

Es ist ratsam, grundsätzlich das Thema „Kaffeekochen“ und die Bewirtung von Gästen abzuklären. Als Schulleiterin bzw. Schulleiter für Plätzchen, ein wenig Obst oder auch ein paar Bonbons zu sorgen, sollte ein Leichtes sein. Dann ist das flehende Bitten um eine Tasse Kaffee für einen Gast bei der Sekretärin kein Thema mehr. Wie überall sind die höflichen und unterstützenden Umgangsformen untereinander Türöffner für Annehmlichkeiten, die den stressigen Arbeitstag erträglicher gestalten.

Der Hausmeister und vor allem die Sekretärin sind das Kommunikationszentrum einer Schule, das ist also alles andere als ein unwichtiger Job. Vielmehr sind sie in vielen Fragen die zentrale Anlaufstelle. Sie wirken nach innen auf Schüler/-innen und Lehrkräfte ein und unterstützen in hohem Maße die Aufgaben der Schulleitung. Sie sind aber auch erste Ansprechpartner für Eltern, Behörden, Handwerker, Lieferanten, das nichtpädagogische Personal und andere mehr. All die eben Genannten haben eines gemeinsam: Sie wollen schnell und umfänglich „bedient" werden. Wenn der Begriff „Multitasking" überhaupt Sinn ergibt, dann an dieser Stelle. Dazu kommt die Versorgung von verletzten oder erkrankten Schülerinnen und Schülern. Wie eine Sekretärin mit diesen Herausforderungen umgeht, prägt im Wesentlichen das „Bild" einer Schule. Diesen Umstand kann man nicht hoch genug einschätzen. Umso wichtiger ist es, seitens der Schulleiterin bzw. des Schulleiters, die Sekretärin, aber auch den Hausmeister zu unterstützen und mit ihnen Regeln zu vereinbaren, wie mit den unterschiedlichen Situationen umzugehen ist. Das schafft Handlungssicherheit und gibt den Arbeits- und Kommunikationsabläufen eine verlässliche Struktur. Zu diesen Vereinbarungen gehören:

- die Einführung von Sprechzeiten für Schülerinnen und Schüler;
- keine „Hilfsleistungen" für Lehrkräfte (z. B. Kopierarbeiten);
- Anlegen eines Ordners mit wichtigen Informationen zur Beantwortung von Anfragen (Stunden- und Vertretungsplan, Angebote und Zeiten für den Nachmittagsunterricht, Sprechzeiten der Lehrkräfte, wichtige Telefonnummern, Erreichbarkeit der Schulleiterin bzw. des Schulleiters bei Abwesenheit u. a.);
- Sprachregelungen bei „schwierigen" Telefonaten;
- Fächer oder Pultordner einrichten, in denen ständig benötigte Formulare griffbereit sind und Bescheinigungen aller Art geholt werden können, ohne mit der Sekretärin Kontakt aufnehmen zu müssen;
- ein „Pflichtenbuch" für den Hausmeister auslegen, in dem sowohl Lehrkräfte als auch Schüler Beschädigungen u. Ä. eintragen können.

Zur Organisation der Verwaltung sind folgende Punkte wichtig für eine möglichst reibungslose Zusammenarbeit zwischen Hausmeister und Sekretärin sowie der Schulleitung:

- Wöchentliche Besprechung der Beteiligten, um wichtige Angelegenheiten abzuklären und ein gemeinsames Vorgehen abzustimmen.
- Einmal im Monat Besprechung der Budgetvorgänge, um eine Übersicht über die Ausgabensituation zu erhalten.
- Übersichtlicher Ablage- und Aktenplan, der den Zugriff auf Dokumente auch bei Abwesenheit der Sekretärin zulässt.
- Festlegung von Zeitfenstern, in denen ohne Rücksprache mit der Schulleiterin bzw. dem Schulleiter Termine durch die Sekretärin vergeben werden können.
- Organisation eines Wiedervorlagesystems, damit im wahrsten Sinne des Wortes nichts verloren geht bzw. alles rechtzeitig bearbeitet wird.
- Organisation des Postein- und -ausgangs. Es empfehlen sich für die jeweiligen Vorgänge Pultordner nach dem Prinzip „pro Vorgang ein Fach". Postkörbe sind nicht sinnvoll, da sich die Vorgänge anhäufen und folglich von Tag zu Tag mehrmals in die Hand genommen werden. Vereinbarung fester Zeiten zur Bearbeitung der Post; dies kann im Einzelfall täglich morgens abgestimmt werden.
- Abklärung, welche Unterstützungsarbeiten für den Schulelternbeirat und ggf. den Förderverein geleistet werden.
- Herstellung eines Formulars für Gesprächsnotizen, um z. B. die Schulleiterin bzw. den Schulleiter über eingegangene Telefonate oder Gesprächswünsche zu informieren.
- Festlegung eines Aufgabenplans in Zusammenhang mit dem Geschäftsverteilungsplan der Schulleitung.
- Festlegungen, über welche Vorgänge die Schulleiterin bzw. der Schulleiter unbedingt informiert werden muss.

Für die Sekretariatsarbeit steht nur ein vertraglich geregeltes Zeitbudget zur Verfügung. Umso wichtiger ist es, dass eine Sekretärin Zeiträume bekommt, in denen sie „in Ruhe" arbeiten kann. „Hauptkampfzeit" für die Sekretärinnen sind die großen Pausen, in denen keine anderen Arbeiten erledigt werden können. In dieser Zeit kommen nicht nur die Schülerinnen und Schüler sowie die Lehrkräfte, es rufen auch Eltern an, die wissen, dass in den Pausen eine Lehrkraft gut zu erreichen ist.

Für die Schulleiterin bzw. den Schulleiter ist es wichtig, das eigene Büro so einzurichten, dass es vor allem funktional ist. Dazu gehören nur wenige Dinge:

- Besprechungsecke oder Besprechungstisch für mindestens sechs Personen
- Flipchart
- Drucker
- Ausschmückung des Raums – jeder soll sich durchaus ein wenig wohl fühlen.

▼

Wir haben schon Schulleitungszimmer gesehen, die eher nach einer Abstellkammer aussahen als nach einem Dienstzimmer. Die Regale waren vollgestopft mit allen möglichen Büchern, Broschüren oder Prospekten, auf denen sich der Staub der Jahre niedergelegt hat. Es spricht nichts dagegen, dass ein Zimmer aufgeräumt wirkt, wobei durchaus erkennbar bleiben kann, dass hier auch gearbeitet wird.

Umgang mit Zeit

Die Zeit ist eine kostbare Ressource. Mit ihr muss sorgfältig umgegangen werden. Dies klingt banal. In der Praxis zeigt sich allerdings, wie schwierig das ist und was es insbesondere heißt, unter Zeitdruck zu geraten. Um es gleich vorwegzunehmen, wir kennen auch nicht den Königsweg für eine optimale Zeitplanung. Wir wissen allerdings, welche Instrumente helfen, um mit der zur Verfügung stehenden Zeit effektiv und effizient umzugehen. Einiges hängt davon ab, wie die Schulleiterin bzw. der Schulleiter selbst „getaktet“ ist. Dazu liefert Markus Dörr in seinem Buch „Erfolgreiches Zeitmanagement“ eine Typologie:

- Perfektionist
  „Perfektionisten bauen ihr Wertesystem auf dem Glaubenssatz ‚Fehler und halbe Sachen sind inakzeptabel. (...) Daher benötigen sie meist mehr Zeit als andere, was dazu führt, dass andere wichtige Dinge liegen bleiben. Auch beim Zeitmanagement benötigen Perfektionisten meist (zu) viel Zeit. Sie er-

stellen mit Akribie Übersichten und Zeitpläne, bevor sie erste praktische Schritt tun."

- Hilfsbereite
„Menschen, die es immer anderen recht machen wollen, vergessen oft darüber sich selbst und ihre Arbeit. (…) Das Zeitmanagement von Hilfsbereiten richtet sich stark nach den Bedürfnissen von anderen. Dabei geht dann oft der Fokus auf die eigenen Ziele und Aufgaben verloren."
- Chaoten
„‚Zeitmanagement kostet nur unnötig Zeit', lautet die Ausrede der chaotischen Typen. (…) Das Zeitmanagement von Chaoten führt oft zu Konflikten. Die Umwelt fühlt sich von Chaoten mit ihren Anliegen nicht ernst genommen. Häufig entsteht der (falsche) Eindruck, dass Chaoten keine Leistung erbringen wollen."
- Aktionisten
„In der Stressforschung wird dieser Typus auch ‚Typ-A-Persönlichkeit' genannt. Aktionisten sind ständig unter Dampf. Ihr innerer Antreiber lautet: ‚Beeil dich und streng dich an.' (…) Aktionisten sind wie tickende Zeitbomben. Sie sind immer unter Spannung und ‚explodieren' schnell, wenn etwas nicht klappt. Bei Aktionisten treten besonders häufig Stresserkrankungen auf. Irgendwann braucht auch der stärkste Organismus mal eine Pause, und sei es zwangsweise durch eine Krankheit."
- Gelassene
„Für gelassene Menschen sind Hektik und Stress Fremdwörter. Ihr Arbeitsstil ist zügig und konzentriert. Im Kontakt mit Kollegen sind sie zurückhaltend und umgänglich. (…) Ein gesundes Maß an Stress und Arbeitsdruck können motivieren! Wer immer vollkommen gelassen ist, den regt nicht viel auf. Das Wechselspiel von An- und Entspannung führt zu guten Arbeitsergebnissen, einem ausgeglichenen Wesen und einem erfahrenen Umgang mit belastenden Lebenssituationen." (Dörr 2016, 68)

Es wird sich mit wenigen Ausnahmen im Alltag kein Typus in Reinkultur finden lassen. Wir haben im ersten Kapitel auf die Bedeutung von Selbstmanagement und Selbstreflexion hingewiesen. Es kommt also nicht nur darauf an, beim Zeitmanagement sich selbst zu organisieren, sondern immer auch darüber nachzudenken, wie das eigene Handeln auf andere wirkt. In Zweifelsfällen empfiehlt sich die gelegentliche Befragung der unmittelbaren Mitarbeiterinnen und Mitarbeiter.

Strukturierung der Arbeit

Hilfreich für eine grobe Strukturierung ist die häufig verwendete „Eisenhower-Methode".

- A-Aufgaben: wichtig und dringlich = sofort erledigen
- B-Aufgaben: wichtig, aber nicht dringlich = planen und terminieren
- C-Aufgaben: nicht wichtig, aber dringlich = ablehnen, delegieren
- P-Aufgaben: weder wichtig noch dringlich = eliminieren (Papierkorb)

(https://de.wikipedia.org/wiki/Eisenhower-Prinzip 13.9.2017)

Es empfiehlt sich, für jede zu erledigende Aufgabe eine kurze Notiz auf jeweils einem Zettel anzufertigen. So kann dieser nach Erledigung weggeworfen werden.

Für die Wochenplanung eignen sich auch die allseits bekannten „To-do-Listen". Dabei sollte die Liste so angefertigt werden, dass daraus nach der o. g. „Eisenhower-Methode" eine eindeutige Priorisierung deutlich wird und auf keinen Fall eine zu umfangreiche Liste entsteht.

Zeitfressern ausweichen

Die Gespräche in der Pause sind wichtig, kosten aber viel Zeit, da oftmals die Kollegen nur „kurz" etwas ansprechen oder gar eine Entscheidung zu einer Sache haben wollen. In einer solchen Situation ist es durchaus mit Hinweis auf den nächsten Termin legitim, eine Lehrkraft zurückzuweisen und ihr einen Termin anzubieten. Diese Lehrkraft wird dies nicht als Brüskierung empfinden, wenn sie sich darauf verlassen kann, dass zu einem verabredeten Termin die Schulleiterin bzw. der Schulleiter ausreichend Zeit für sie hat und man so in Ruhe ein Gespräch führen und Verabredungen treffen kann.

Persönliche Zeitplanung

Das Wichtige von weniger Wichtigem zu unterscheiden, ist nicht immer einfach. Deswegen ist es notwendig, eine sinnvolle Arbeitsstruktur zu schaffen. Die Terminabfolge für einen Schulleiter ist vom Vormittag bis in den Nachmittag hinein eng gestaffelt. Daher ist es sinnvoll, zwischen den Terminen fünf Minuten als Puffer einzubauen. Vor allem dann, wenn Termine unmittelbar vor oder nach dem eigenen Unterricht liegen, denn der Unterricht beginnt oder endet nicht immer pünktlich.

Für die eigene Zeitplanung empfehlen sich täglich festzulegende Zeitblöcke für bestimmte, immer wiederkehrende Tätigkeiten wie …

- geplante Telefonate;
- die Postbearbeitung gemeinsam mit der Sekretärin oder
- Arbeiten, die ohne Störungen zu erledigen sind.

▼

Wichtige Termine, beispielsweise schwierige Personal-Konfliktgespräche, müssen sorgfältig geplant und nicht irgendwo im Tagesablauf dazwischengeschoben werden. Eine gute Vorbereitung ist unerlässlich und erfordert ausreichend Zeit. Dazu einige Hinweise.

- Sich vertraut machen mit allen für das Gespräch relevanten Unterlagen; dazu gehören Briefe, Gesprächsnotizen, Sitzungs- und Beschlussprotokolle etc.
- Sich vorab innerhalb der Schulleitung oder mit einer vertrauten Person beraten.
- Sich über das Ziel des Gesprächs klar werden.
- Sich bei schwierigen oder mit Konflikten verbundenen Gesprächen vorab auf mögliche Gegenargumente einstellen und nach für alle Beteiligte akzeptablen Kompromissen suchen.
- Sich über den Ablauf des Gesprächs klar werden und einen entsprechenden Ablaufplan erstellen. Dazu müssen folgende Fragen beantwortet werden:

- Wie lange darf das Gespräch dauern?
- Wie wird das Gespräch eröffnet?
- In welcher Reihenfolge sollen welche Punkte behandelt werden?
- Wie können mögliche Kompromisslinien aussehen?

Es klingt zunächst banal: Ohne die Uhr im Blick zu behalten, hilft die präziseste Prioritätensetzung und Zeitplanung nichts. Es ist durchaus legitim, gelegentlich auf die Uhr zu schauen, sich durch einen dezenten Handyton oder einen Anruf der Sekretärin an den nächsten Termin erinnern zu lassen.

Stolperstein Multitasking

Man sagt zwar Männern nach, sie könnten zwei Dinge gleichzeitig tun – fernsehen und dabei schlafen. Niemand wird allerdings ernsthaft behaupten, im eigentlichen Sinn zwei Dinge zeitgleich erledigen zu können. Man kann unterschiedliche Dinge rasch hintereinander oder abwechselnd in kurzer Zeit versuchen abzuarbeiten. Das hält man jedoch nicht lange durch und als Folge stellen sich Konzentrationsschwächen und, noch viel schlimmer, Fehler ein. Daraus folgt für den Alltag von Schulleiterinnen und Schulleitern:

- Unterbrechungen nur in dringenden Fällen zulassen;
- Telefongespräche bei einer wichtigen Arbeit nicht annehmen oder in das Sekretariat umleiten;
- Türe schließen und mit einem Schild „Bitte nicht stören!" versehen.

Systemische Zeitplanung

Für die gesamte Schule ist sinnvollerweise in Absprache mit dem Personalrat zum Schuljahresbeginn ein Terminplan für das gesamte Schuljahr zu erstellen. Darin sind Termine je nach Schulform festgehalten für …

- Gesamtkonferenzen
- Versetzungs- und Notenkonferenzen
- Schulkonferenzen
- geplante Klassenfahrten

- Schulpraktika
- Austauschfahrten
- Projektwoche
- Abschlussprüfungen
- Aufnahmegespräche neuer Schülerinnen und Schüler
- Tag der offenen Tür
- Elternsprechtage
- Schulfest
- Bundesjugendspiele
- Leistungstests (TIMMS, IGLU, Mathematikwettbewerb)
- Sportkurse eines Jahrgangs
- besondere Veranstaltungen (Theater, Weihnachtsfeier etc.)
- Ferienzeiten und die beweglichen Ferientage

Für den Zugriff auf die unterschiedlichen Daten und Termine im Laufe eines Schuljahres, eines Monats oder eines Tages ist eine Arbeitsstruktur notwendig, mit der es gelingt, „gemeinsam" auf Termine und die damit verbundenen Vorbereitungen und Aufgaben zu schauen. Die, die „gemeinsam" planen, sind die Sekretärin, der Hausmeister und die gesamte Schulleitung. Hier bündelt sich das Zeitmanagement einer Schule in hoher Verantwortung.

Schulleiterinnen und Schulleiter als Netzwerker

Netzwerkpartner kennen

Schulleiterinnen und Schulleiter müssen Netzwerke knüpfen können. Dafür ist es wesentlich, mögliche Kooperationspartner oder Unterstützer als solche identifiziert zu haben.

Im schulischen und regionalen Umfeld bieten sich eine Vielzahl von Partnern für ein Netzwerk an. Die folgende Listung gibt lediglich einige Beispiele.

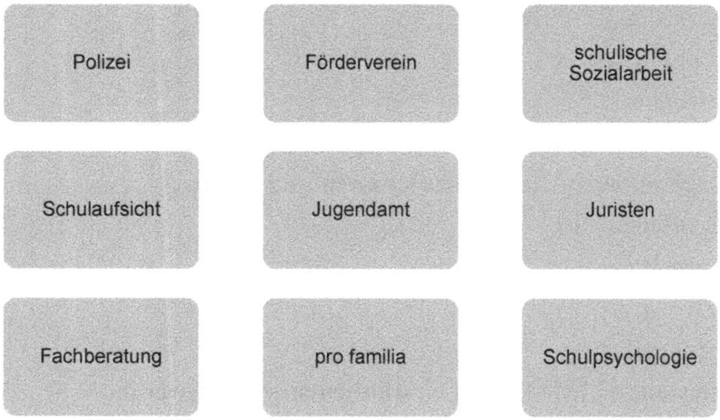

Abb. 25: Beispiele für Unterstützer und Kooperationspartner

Stellvertretende Schulleitung

Das Vorhandensein einer Stellvertretung ermöglicht die Arbeitsteilung und Absicherung in vielerlei Hinsicht – einen gesunden Geschäftsverteilungsplan vorausgesetzt. Eine Standardeinteilung ist dabei die nach organisatorischen und repräsentativen Aufgaben. Eine stellvertretende Schulleiterin bzw. ein stellvertretender Schulleiter kann für die Leiterin bzw. den Leiter zur wichtigsten Bezugsperson im beruflichen Umfeld werden – vorausgesetzt, dass Leitung und Stellvertretung „sich grün sind". Das Durchdenken von Strategien und Entwicklungsrichtungen, die Planung schwieriger Gespräche, das Meistern krisenhafter Situationen sind Beispiele für Sachverhalte, die sehr viel besser bearbeitet werden können, wenn sich Leitung und Stellvertretung aufeinander verlassen können und sich darüber hinaus gegenseitig vertrauensvoll und intensiv beraten.

Schulleitungsteam

Auf ein solches können längst nicht alle – auch nicht die Leiterinnen und Leiter kleinerer Sekundarstufenschulen – zurückgreifen. Auch hier gilt, was für Stellvertretung gilt: Neben einer den Kompetenzen aller Mitglieder des Leitungsteams entsprechenden Geschäftsverteilung ist es immer ratsam, mit vier, sechs oder acht Augen auf einen Sachverhalt zu blicken und sich Meinungen aus verschiedenen Perspektiven einzuholen. Die Verteilung der Verantwortlichkeiten bei der Bearbeitung eines Sachverhalts auf mehrere Schultern kann auch den unterstützenden Effekt haben, dass die Netzwerke der anderen Leitungsteammitglieder nutzbar werden.

Personalrat

Der Personalrat einer Schule (so diese denn einen gewählt hat) bildet in der Regel das Kollegium im Kleinen ab und ist somit immer Gradmesser für Atmosphäre, Belastbarkeit und Veränderungswille. Oft haben sich Strukturen in der Kooperation zwischen Personalrat und Leitung etabliert, welche die Arbeit von Schulleiterinnen und Schulleitern immens erleichtern können und die gut nutzbar für die Netzwerkarbeit sind.

▼

In einem mittelgroßen System waren über Jahre Leitungsstellen immer wieder neu zu besetzen. Es mangelte an Kontinuität und Steuerung. Ein Konflikt, der eigentlich nur Nebenschauplatz der Gesamtsituation war, brachte dann das ganze System ins Wanken: Mehrere Leitungsmitglieder traten von ihren Ämtern zurück; die Schulleitung musste komplett neu aufgestellt werden. Der neuen Schulleitung gelang es, den Personalrat des Systems einzubinden und ihn in die Verantwortung zu nehmen. Pädagogische Tage zu Themen wie „Wie wollen wir miteinander umgehen?“ oder „Atmosphäre des Miteinanders und wertschätzende Kommunikation“ wurden gemeinsam mit dem Personalrat organisiert. Die vielen Gespräche, die im insgesamt fast dreijährigen Veränderungsprozess an der Schule mit den teilweise enttäuschten, teilweise wütenden Lehrkräften geführt werden mussten, verteilten sich auf die Schultern des Schulleitungsteams und des Personalrats. Die Schulleitung alleine hätte diesen Prozess nicht bewältigen können. (In den Prozess war mit einem Krisencoaching auch ein weiteres Unterstützungssystem eingebunden, auf das wir weiter unten eingehen werden.)

Sekretariat

Die Mitarbeiterinnen und Mitarbeiter in den Sekretariaten werden dann zu Unterstützern, wenn sie als Experten in ihrem Aufgabenbereich ernst genommen und mit verantwortlichen Aufgaben betraut werden. Dies beinhaltet auch die Delegation von Aufgaben, die sonst in die Zuständigkeit der Schulleiterin oder des Schulleiters fallen (z. B. „formale" Aufnahme neuer Schüler).

Schülervertretung (SV)

Die Schülervertretung vertritt die Gesamtinteressen der Schülerschaft und somit die Interessen der größten Mitgliedergruppe der Schulgemeinde. Ihre Arbeit wird vor allen Dingen an weiterführenden Systemen zur Unterstützung, wenn SV-Arbeit gut aufgestellt ist. Gesteuert über die Verbindungslehrer können Schülervertretungen in der Auseinandersetzung mit den Schülerinnen und Schülern der einzelnen Klassen u. a. Kompromisse auf Augenhöhe aushandeln, sich in den Bereichen des sozialen Miteinanders einbringen, Demokratielernen befördern, Schulkultur mitentwickeln und evaluieren oder Hilfestellung bei Mediationen geben.

Elternvertretung

Auch die Vertreterinnen und Vertreter der Elternschaft können in verschiedensten Zusammenhängen Unterstützer und Kooperationspartner sein. Einige Beispiele aus der Praxis verdeutlichen, wie vielseitig Unterstützung von Elternseite ist: Unterstützung bei Ausflügen, Projektwochen, Schulfesten, Bundesjugendspielen, Klassenfahrten, in der Erweiterung des AG-Angebots, bei der Erstellung der Schulhomepage, beim Betreiben eines Schulkiosk, bei der Betreuung der Schülerbibliothek, bei der Verknüpfung der Schulen mit ihrer lokalen Umgebung, im Förderverein, bei Spendenläufen, Flohmärkten, bei Veranstaltungen mit musikalischem/kulturellem Hintergrund.

Schule und Schulleitung müssen sich für eine Öffnung nach außen einsetzen, damit eine vertrauensvolle Kooperation mit den Eltern entstehen kann. Schulen brauchen starke Elternvertretungen, u. a. damit sie ihre Interessen in Bezug auf andere Akteure des Bildungsnetzwerks besser vertreten können. Elternvertretungen sind wiederum dann stark, wenn sie nicht nur kritische Überwacher von Verordnungen und Erlassen rund um die Schule sind, sondern sich und ihre Ideen engagiert in die Entwicklung von Schule einbringen.

Fachfrauen und Fachmänner im Kollegium

Viele Aufgabenfelder, die Schule zu beackern hat, werden mittlerweile von spezifischen Fachfrauen und Fachmännern im Kollegium verantwortet. Diese sind wiederum wichtige Unterstützer für Schulleiterinnen bzw. Schulleiter. Standardmäßig gibt es u. a. Beauftragte für Dyskalkulie und LRS, Sicherheitsbeauftragte, Fachsprecher, Datenschutzbeauftragte, Verbindungslehrerinnen und -lehrer, Beauftragte für Suchtprävention, Beauftragte für Berufs- und Studienorientierung, Beauftragte für die Gestaltung der Übergänge Kindergarten/Schule oder Grundschule/weiterführende Schule, Beauftragte für Pressearbeit, Beauftragte für die Gestaltung der Homepage oder des Jahrbuchs bzw. der Chronik.

Schulträger

Die Unterstützungsmöglichkeiten des Schulträgers sind so vielfältig wie die Belange, die die Gebäude, das nichtpädagogische Personal und die Sachausstattung mit sich bringen. Häufig gibt es verschiedene Ansprechpartner für Belange wie Sachausstattung, Reinigung, Medien, Gebäude oder Schülerbeförderung. Hier gilt: Vertreterinnen und Vertreter der Schulträger sind Unterstützer und Kooperationspartner qua Funktion.

Schulaufsicht

Schulaufsicht und -verwaltung sind erste Ansprechpartner in allen Fragen rund um Unterrichtsressourcen, Budget, Versorgung mit Lehrkräften, Stellenbesetzungen, sonstige Personalfragen, juristische Fragestellungen, psychologische Thematiken etc. Eine reibungslose Kommunikation und ein reger Austausch sind Grundvoraussetzung für einen geregelten Schulbetrieb. Die Vertreterinnen und Vertreter der Schulaufsicht und Schulverwaltung sind qua Amt bzw. Funktion Unterstützer bzw. Kooperationspartner. Dementsprechend sollten sie auch in die Pflicht genommen werden. Zu ihnen gehören u. a.:

- **Schulpsychologischer Dienst**
  Die Psychologinnen und Psychologen beraten und unterstützen rund um die Schulgemeinde: die Leitung in Konflikten oder schwierigen Schülerfällen, Lehrkräfte, Schüler, Eltern. Sie können bei jeglicher Art von krisenhafter Situation oder Krise direkt vor Ort unterstützen und zu weiterführenden Maßnahmen beraten. Auch sie sind geeignete Sparringspartner, wenn es z. B. darum geht, in schwierigen Schülerfällen den Überblick zu bewahren, diese zu analysieren und sich anschließende runde Tische zu moderieren. Sie können ebenso bei der Vermittlung in Konflikten zwischen Leitung und Lehrkräften unterstützen. Außerdem bieten sie in der Regel bedarfsgerechte Fortbildungen an und unterstützen bei Projekten und Fachtagen.

- **Juristische Beratung in der Schulaufsichtsbehörde**
  Die Juristinnen und Juristen in den Schulaufsichtsbehörden sind wichtige Anlaufstellen in der täglichen Arbeit von Schulleiterinnen bzw. Schulleitern. Es ist in jedem Fall empfehlenswert, sich durch die Juristen beraten zu lassen, sobald es zu Unsicherheiten in Bezug auf Verwaltungsakte kommt. Die Juristen bieten ferner oft unterstützende Fortbildungen zu Themen wie Schulpflichtüberwachung, Ordnungsmaßnahmen, dienstliche Beurteilungen etc. an. Und letzten Endes sind auch sie es, die zusammen mit Schulleiterin bzw. Schulleiter vor Gericht erscheinen, wenn ein Konflikt nur noch diesen Weg nehmen kann.

- **Frauen- bzw. Gleichstellungsbeauftragte**
  Sie oder er kann beratende Unterstützung leisten und bedarfsgerechte Fortbildungen anbieten. Schulleiterinnen und Schulleiter können auf die Unterstützungsmöglichkeiten der Frauen- bzw. Gleichstellungsbeauftragten verweisen.

- **Schwerbehindertenvertretung**
  Hier gilt Gleiches wie bei den Frauen- bzw. Gleichstellungsbeauftragten. Die Schwerbehindertenvertretung hält darüber hinaus spezifische Bera-

tungsinhalte bereit, die Schulleiterinnen oder Schulleiter nicht zwangsweise parat haben.

- **Fachberatung/Unterrichtsentwicklungsberatung/Schulentwicklungsberatung**
  In Hessen können Schulen außerdem auf eine breit aufgestellte Riege von Fachberaterinnen und Fachberatern zurückgreifen, die bedarfsgerecht als Abrufangebot unterstützen können. Hier sind beispielsweise zu nennen:
  - Medienberatung
  - Schul- und Unterrichtsentwicklungsberatung
  - Sportkoordinatoren
  - Fachberaterin bzw. Fachberater Inklusion
  - Fachberaterin bzw. Fachberater Deutsch als Zweitsprache/Deutsch als Fremdsprache

  Hochbegabtenberatung u. a. m.
  Seit 2016 gibt es in Hessen sogenannte multithematische Teams. Diese kommen auf Anfrage in die Schulen und klären mit der Schulleiterin bzw. dem Schulleiter, welche Teamzusammensetzung für die Frage oder den Entwicklungsbedarf der einzelnen Schule sinnvoll ist. Standardisiert sind immer Vertreter der Schulpsychologie und eine Schulberaterin bzw. ein Schulberater im Team vertreten. (Schulberatung wird seit 2016 von den ehemaligen Inspektorinnen und Inspektoren der hessischen Schulinspektion durchgeführt.) Das multithematische Team wird von der Leiterin/dem Leiter pädagogische Unterstützung (LPU) in der Schulaufsichtsbehörde geführt.

- **Krisencoaching, Moderation u. v. m.**
  Hessenspezifisch sind die Angebote der hessischen Lehrkräfteakademie. Vor allen Dingen lohnenswert für Schulleiterinnen bzw. Schulleiter sind die Möglichkeiten, dort Moderatorinnen und Moderatoren beispielsweise für pädagogische Tage oder Steuergruppen zu beantragen.
  Die Lehrkräfteakademie bietet außerdem sogenannte Krisencoachings an. Dafür beantragt die Schulleiterin bzw. der Schulleiter nach Schilderung der krisenhaften Lage vor Ort das Coaching bei der Schulaufsichtsbehörde.

Gesamtpersonalrat

Auch für den Gesamtpersonalrat gilt, dass er beratend unterstützen kann. Er wird allerdings hauptsächlich von Lehrkräften um Unterstützung gebeten – z. B. dann, wenn diese sich in einer Sache konfliktträchtig mit der Schulleitung auseinandersetzen. Häufig wird der Gesamtpersonalrat daher auf Seiten des „Gegners" verortet. Dabei ist der Gesamtpersonalrat das Personalvertretungsgremium, das die Schulleiterinnen und Schulleiter vertritt. Es ist empfehlenswert, diesen im Rahmen der vertrauensvollen Zusammenarbeit über mögliche Konflikte zu informieren und sich hier auch beraten zu lassen.

Jugendamt/Jugendhilfeeinrichtungen/sozialpädagogische Einrichtungen und Träger

Neben den Jugendämtern gibt es diverse Träger sozialpädagogischer Unterstützungssysteme für Schulen, die je nach Region sehr verschieden strukturiert sind und unterschiedliche Akzente setzen. Allen diesen Einrichtungen ist eigen, dass sie den Brückenschlag zwischen Schule und Elternhaus leisten können und damit noch mal einen ganz anderen Zugriff auf die wichtigste Sozialisationsinstanz, das Elternhaus, haben. Die Unterstützung besteht u. a. in der Beratung und Information der Beteiligten oder auch in der Reintegration bereits ausgeschulter Schülerinnen und Schüler.

Polizei

Die Jugendkoordinatoren der hessischen Polizei sind ebenfalls häufige Ansprechpartner für Schulleiterinnen und Schulleiter. Ihre Arbeitsschwerpunkte liegen vor allen Dingen im präventiven Bereich und in der Beratung. Sie bilden in den Schulen u. a. Multiplikatoren für bestimmte Themen aus.

Weitere Unterstützungssysteme bzw. Kooperationspartner finden sich vor Ort in den Angeboten von Feuerwehr, Gesundheitsamt, pro familia, Drogenberatung, Jobcenter, den Industrie- und Handelskammern, Krankenkassen und Banken, in Beratungsangebote kirchlicher Träger, durch lokale Kinder- und Jugendhilfeeinrichtungen der Kommunen und Landkreise, Hochschulen, Studienseminare, Arbeitsagenturen und Sportvereine, Kirchen, Horte, etc.

Im Kontakt mit den Kooperationspartnern sollten Schulleiterinnen bzw. Schulleiter bestenfalls Vereinbarungen mit dem Lehrerkollegium und dem nichtpädagogischen Personal treffen. Neben dem einzuhaltenden Dienstweg z. B. im Kontakt mit der Schulaufsicht ist eine vereinbarte Kommunikation auch im Sinne einer Information der Schulleitung wichtig. Nicht in jedem Fall muss beispielsweise unbedingt die Schulleiterin bzw. der Schulleiter die Polizei rufen. In vielen Situationen ist dies auch gar nicht möglich. Aber generell sollte geregelt werden, mit welchen Unterstützungssystemen die Lehrkräfte ohne Information der Schulleitung Kontakt aufnehmen können und mit welchen nicht.

Je nach Systemgröße und Standort bietet es sich an, die Möglichkeiten von Unterstützung und Kooperation in einer kleinen Handreichung zusammenzustellen, um z. B. neuen Lehrkräften einen Überblick über alle Möglichkeiten zu geben. Vielerorts gibt es solche Leitfäden für Krisen in einer überregionalen Zusammenschau. Diese werden oft von den vorgesetzten Behörden zur Verfügung gestellt.

Netzwerke knüpfen

Wie kann aus all den Unterstützungsmöglichkeiten ein Netzwerk entstehen?

Zum Aufbau von Netzwerken schlägt Bartz (2004, 103) folgende Schritte vor:

- „Diagnose des individuellen Förderbedarfs Ihrer Schülerinnen und Schüler;
- Klärung, was sie im Hinblick auf die Lehrplanziele und -ansprüche brauchen;
- Klärung, in welchem Maß die Schule sowohl zu einer hinreichend differenzierten Diagnose wie zur Abdeckung der Bedarfe in der Lage ist;
- Klärung, welche Einrichtungen im regionalen Umfeld über die Angebote und Kompetenzen verfügen, die der Schule fehlen;
- Absprache zur Koordination zwischen den schulischen und den außerschulischen Angeboten, zu wechselseitigen Informationspflichten und -rechten, zu Orten und Terminen für die außerschulischen Angebote und zur Finanzierung von Personal- und Sachmitteln;

- Festlegung, welche Lehrerinnen und Lehrer bzw. Leitungspersonen in der Schule für die außerschulischen Angebote Ansprechpartner sind und wer ggf. aufseiten der Schule im Netzwerk Steuerungs- Koordinationsfunktionen übernimmt;
- Ressourcenplanung und -beschaffung, soweit die außerschulischen Angebote der Schule in Rechnung gestellt werden."

Wichtig erscheint uns vor allen Dingen, dass Schulleiterinnen und Schulleiter in der Lage sind, aus den gegebenen Möglichkeiten und Kontakten situativ angepasste Netzwerke zu knüpfen bzw. auf bereits vorhandene Netzwerke zurückzugreifen oder diese zu erweitern. Wie das im Fall einer Schülerin bzw. eines Schülers aussehen kann, die/der anderen Mitgliedern der Schulgemeinde gegenüber massiv gewalttätig aufgetreten ist, zeigt die Abbildung 26.

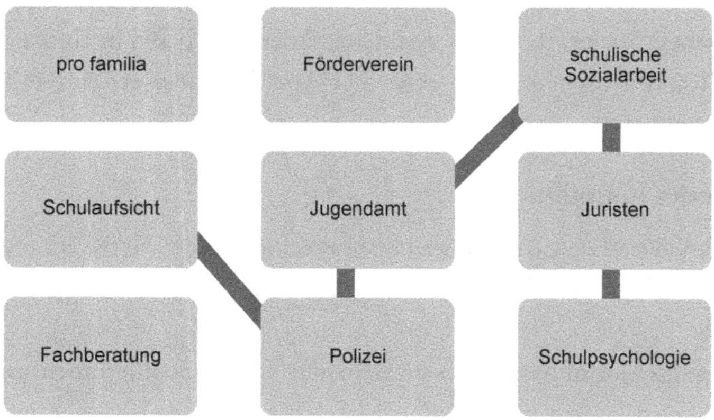

Abb. 26: Situativ ein Netzwerk knüpfen

Netzwerke, die sich speziell für Schulleiterinnen und Schulleiter anbieten

Ein äußerst wertvolles Netzwerk ist das zwischen den Schulleiterinnen und Schulleitern der umliegenden Schulen – völlig unabhängig von der Schulform. Regelmäßige Treffen sollten ein Muss sein. Bei diesen steht der Austausch im Vordergrund. Aber beispielsweise auch gemeinsam formulierte Schreiben über Missstände an/in Gebäuden erhalten ein ganz anderes Gewicht, wenn gleich mehrere Schulleiterinnen und Schulleiter diese unterschreiben. Außerdem eröffnen sich durch Kooperationen z.B. zum Thema Übergänge oder inklusive Beschulung Möglichkeiten, die sich in einem Einzelsystem nicht ergeben können. Nicht zuletzt dienen solche Netzwerke aber auch der sozialen Hygiene.

Auch Netzwerke zwischen Schulen gleicher Schulformen, die regional weiter auseinanderliegen, sind hilfreich. In diesen ist nämlich die Wahrscheinlichkeit höher, dass die Schulleiterinnen und Schulleiter z.B. für das eigene System nutzbare Informationen weiter- um nicht zu sagen preisgeben oder entsprechende Konzepte detaillierter beschreiben. Man darf nicht vergessen, dass die Schulleiterinnen und Schulleiter benachbarter Schulen um Alleinstellungsmerkmale und um Schülerinnen und Schüler konkurrieren. Dementsprechend gestaltet sich die Informationsweitergabe in manchen Fällen.

Regelmäßig zu bedienen ist das Netzwerk im direkten Umfeld der Schule. Schulleiterinnen bzw. Schulleiter sollten sich „blicken lassen". Zum Beispiel in der Gemeinde, in der die Schule ansässig ist. Für diese ist die Schule ein wichtiger Standortfaktor im Hinblick auf Demografie und Zuzug, weshalb die Vertreter der Gemeinden, allen voran die Bürgermeisterinnen und Bürgermeister, ein hohes Interesse daran haben, dass es erstens eine Schule vor Ort gibt und diese zweitens in der Öffentlichkeit auch entsprechend wahrgenommen wird. Aus diesem Interesse heraus ergeben sich für Schulen oft Möglichkeiten für finanzielle Unterstützung und außerschulische Kooperation. Zu Schulfesten oder anderen größeren schulischen Veranstaltungen sind Vertreter der Gemeinde unbedingt einzuladen.

Was für die Gemeinden gilt, gilt auch für den Landkreis: Auch der Kontakt zur Landrätin bzw. zum Landrat kann hilfreich für die Umsetzung schulischer Vorhaben sein. Erst recht, wenn – so wie in Hessen – die Landkreise Träger der Schulen sind.

Die Prämissen beim Netzwerken sollten daher lauten: „Man kennt sich". Und: „In der Öffentlichkeit muss man sichtbar sein".

Was denn nun: Anerkennung – Wertschätzung – Lob?

Eine gute Schule zeichnet sich durch gute Lernleistungen der Schülerinnen und Schüler sowie ein hohes Engagement der Lehrkräfte aus. Voraussetzungen sind nur bedingt materielle Ressourcen, insbesondere aber ein Schulklima, das getragen ist durch gegenseitige Wertschätzung und Vertrauen.

Diese Begriffe werden fast schon inflationär verwendet. Wertschätzung wird bei fast jeder sich bietenden Gelegenheit eingefordert. „Meine Arbeit wird nicht geschätzt“ oder „Etwas mehr Wertschätzung täte mir gut“, so lauten die gängigen Klagen. Was dahinter steckt, kann man nur ahnen. Es geht vor allem wohl darum, gelegentlich mal gelobt zu werden. Dieses gewünschte Lob ist meist gebunden an eine bestimmte soziale oder Arbeitsleistung.

Es ist hier nicht der notwendige Platz, um sich eingehend mit den Begriffen Lob – Anerkennung – Wertschätzung auseinanderzusetzen. Dazu gibt es ausführliche Literatur.

Doch wollen wir unsere Überlegungen zu den drei Begriffen skizzieren. Sowohl Lob, Anerkennung als auch Wertschätzung sind der Nährstoff eines jeden Systems. Jeder will gelegentlich gelobt werden, möchte, dass die Arbeit anerkannt wird und dass er als Person wertgeschätzt wird. Wird diese Kultur, verstanden als Haltung, in einem System wie der Schule gelebt, stellen sich zwar nicht automatisch Erfolge ein, aber sie motiviert alle Beteiligte, schafft eine hohe Arbeitszufriedenheit und wirkt somit als Bindemittel in einem sozialen System.

- Wertschätzung
  Eine für unser Anliegen brauchbare Definition für „Wertschätzung“ liefert Wikipedia.
  „Wertschätzung bezeichnet die positive Bewertung eines anderen Menschen. Sie gründet auf eine innere allgemeine Haltung anderen gegenüber. Wertschätzung betrifft einen Menschen als Ganzes, sein Wesen. Sie ist eher unabhängig von Taten oder Leistung, auch wenn solche die subjektive Einschätzung über eine Person und damit die Wertschätzung beeinflussen. Wertschätzung ist verbunden mit Respekt, Wohlwollen und drückt sich aus in Zugewandtheit, Interesse, Aufmerksamkeit, Freundlichkeit. „Er erfreute sich allgemein hoher Wertschätzung“ meint umgangssprachlich: Er ist geachtet/respektiert. Es gibt eine Korrelation zwischen Wertschätzung und Selbstwert: Menschen mit hohem Selbstwert haben öfter eine wertschätzen-

de Haltung anderen gegenüber, werden öfter von anderen wertgeschätzt." (https://de.wikipedia.org/wiki/Wertsch%C3%A4tzung 13.9.2017)

- Anerkennung
  Mit einem Lob kann die Schulleiterin bzw. der Schulleiter Anerkennung für eine besondere Leistung oder ein schulübergreifendes besonderes Engagement aussprechen. Meist sind das die Lehrkräfte, die vom Erfolg einer besonderen Aufgabe aufgrund eigener Erfahrung überzeugt sind. Diese Lehrkräfte eindeutig zu identifizieren, ist nicht immer eine leichte Aufgabe, da es ja durchaus Lehrkräfte gibt, die oftmals lautstark auf ihre eigene Arbeitsleistung hinweisen, wobei sich beim genaueren Hinsehen sich allerdings nichts anderes als der graue Alltag zeigt.
  Schwierig wird die Diskussion um die richtige Form der Anerkennung, wenn die Frage nach den Anreizen für besonderes Engagement oder beachtenswerten Arbeitseifer gestellt wird. Ein „Belobigungssystem" ist in Schulen nur auf der verbalen Ebene vorgesehen. Bei den zunehmenden schwierigen Aufgaben, die häufig der Neomanie der Bildungsverwaltung zu verdanken sind, suchen die Lehrkräfte oft auch Wege, um diese Herausforderungen mehr oder weniger elegant zu umgehen. Wolfgang Geisler resümiert das Verhalten der Lehrkräfte wie folgt. „Inzwischen vertrauen nicht wenige Lehrkräfte darauf, dass sich Reformen üblicherweise rasch totlaufen, um durch neue bildungspolitische Schwenks ersetzt zu werden." (Geisler 2017, 111)

Hilbert Meyer liefert im Nachwort desselben Buches auf Seite 192 eine sehr überzeugende Arbeitsdefinition der pädagogischen Anerkennung.

„Pädagogische Anerkennung ist eine geistige Tätigkeit zum Aufbau einer belastbaren pädagogischen Beziehung. Ihre Voraussetzung ist die ethisch begründete Wertschätzung der Person. Ihr Ziel ist die Bewertung der geleisteten Arbeit auf der Basis ihrer differenzierten Wahrnehmung. Ihr Zweck ist die Ermutigung zum Weiterlernen.

1. Sie ist dialogisch strukturiert und nur in einer Bildungsgemeinschaft zu verwirklichen.

2. Sie ist prozessbezogen und niemals abgeschlossen.
3. Sie mutet den zu Erziehenden zu, sich selbst zu bilden und dafür die Verantwortung zu übernehmen."

Führung von Anerkennungsgesprächen

- Anerkennungsgespräche immer persönlich führen. Sie können von der Schulleiterin bzw. dem Schulleiter nicht delegiert werden. „Richten sie bitte Frau Krapp aus, mir hätte die Aufführung der Flötengruppe ausgesprochen gut gefallen." Kommt bei der Betreffenden sicher nicht gut an.
- Ernst gemeintes Lob nie zwischen Tür und Angel aussprechen. Sinnvoll ist es, das Gespräch im Schulleitungszimmer in einem entsprechenden Rahmen zu führen. So können auch Neid und Missgunst bei anderen Lehrkräften vermieden werden. Es kann Anlässe geben, bei denen es angebracht ist, ein Lob schriftlich abzufassen. Ein Schulleiter hat in einem Brief eine Lehrkraft besonders gelobt, weil sie über zwei Jahre hinweg einen erheblichen Anteil am Aufbau eines Nachmittagsangebots hatte.
- Genau überlegen, ob das Lob überhaupt angebracht ist, und nicht aus einer Laune heraus handeln, wobei sich der Betreffende wundert, dass er überhaupt für einen aus seiner Sicht geringen Aufwand gelobt wurde.
- Das Lob immer gezielt aussprechen. Erbrachte Leistungen stehen immer im Zusammenhang mit einem Erfolg in einer bestimmten Angelegenheit.
- Nie Lob mit Kritik verbinden.
- Problematisch ist das Loben im Beisein Dritter. Es könnte sich einerseits jemand wenig beachtet fühlen, andererseits könnte der Eindruck entstehen, jemand würde „etwas Besonderes" werden wollen. Gruppen können dagegen durchaus auch im Rahmen z. B. einer Gesamtkonferenz gelobt werden.

Geisler, Wolfgang 2017: Anerkennung – Über den Umgang mit Menschen in der Schule. Schwalbach/Ts.

Teil III – zwei Exkurse

Grundschulen – Solo für Frauen?

Etwa 90 Prozent aller Grundschulen werden von Frauen geleitet, davon wiederum leiten gut 50 Prozent ohne ständige Vertretung; dies vor allem im ländlichen Bereich. Da heißt es: Gesund bleiben! Es ist nicht ungewöhnlich, dass Schulleiterinnen bzw. Schulleiter ihr Telefon mit in den Unterricht nehmen, da die Sekretärin nur an zwei Tagen in der Woche da ist. Ein Blick auf die Arbeitszeit der Schulleiterin bzw. des Schulleiters verdeutlicht die grundsätzliche Problematik: Etwa die Hälfte der Stunden geht für die Unterrichtsverpflichtung drauf, der Rest bleibt für Qualitätsentwicklung, Verwaltung, Jahresgespräche, Unterrichtsbesuche, Leitung von Konferenzen, Einschulungsgespräche und was Schulleiterinnen und Schulleiter sonst noch zu stemmen haben.

Ist die Schulleiterin bzw. der Schulleiter ambitioniert, Leitung und Unterrichten gleichermaßen als zentrale Aufgaben zu verstehen, werden schnell Grenzen der Belastbarkeit spürbar und als Folge stellt sich oftmals eine permanente Überarbeitung ein. Nimmt man die bescheidene Besoldung für Grundschulleiterinnen und Grundschulleiter hinzu, so erklären sich schnell die häufig auftretenden Schwierigkeiten, Schulleitungsstellen an Grundschulen adäquat zu besetzen. Bildungspolitisch könnte man zwei Hebel ansetzen, wenn es denn gewollt ist. Man müsste zum einen die Leitungszeit herauf- und die Unterrichtsverpflichtung herabsetzen und zum anderen die Besoldung erhöhen.

Insbesondere die regionale Schulaufsicht sieht diese Schwierigkeiten und versucht, gemeinsam mit Schulleiterinnen und Schulleitern Entlastungsstrategien zu entwickeln. Von einem solchen Projekt soll im Folgenden die Rede sein. Das Konzept für das Projekt „Chancen und Potenziale für kleine Grundschulen im ländlichen Raum“ wurde entwickelt am Staatlichen Schulamt für den Landkreis Bergstraße und den Odenwaldkreis in Hessen. Es handelt sich dabei um Grundschulen, die einzügig sind und außer der Schulleiterin keine weiteren Leitungsstellen haben. Nicht selten muss außerdem aufgrund nicht ausreichender Schülerzahlen jahrgangsübergreifend unterrichtet werden.

Seit nunmehr zwei Jahren haben sich jeweils drei Grundschulen zu einem Schulverbund zusammengeschlossen. Die Grundidee bestand darin, durch die Vakanzen einzelner Leitungsstellen einheitliche Ausschreibungen für die Stellen vorzunehmen, um deutlich zu machen, dass geplant ist, die Leitung der jeweiligen Schule in Zusammenarbeit mit einem Verbundsystem wahrzunehmen. Dazu gehören ...

- ein gemeinsamer Geschäftsverteilungsplan;
- die stundenweise Abordnung an eine der Verbundschulen;
- eine Standortorganisation für die einzelne Schule;
- die Planung gemeinsamer Veranstaltungen;
- die Erarbeitung eines Vertretungskonzepts;
- Vertretungsunterricht an den Schulen im Verbund;
- die Qualifizierung von interessierten Lehrkräften für Führungsaufgaben;
- die Etablierung von Leitungsteams;
- die Adaption erprobter Unterrichtskonzepte von Verbundschulen wie flexibler Unterrichtsbeginn oder die Rhythmisierung der Unterrichtszeit durch selbst organisierte Lernzeiten sowie
- gemeinsame Fortbildungen.

Was das Arbeiten im Verbund für die beteiligten Schulen im Alltag bedeutet, zeigt folgende Grafik.

Aus den ersten Erfahrungen leiten sich folgende Effekte für den Erfolg von Grundschul-Netzwerken ab.

Abb. 27: Arbeiten im Verbund I

Bewährt hat sich die gegenseitige Abordnung der Schulleiterinnen im Umfang von fünf Stunden. Durch die Übernahme von bestimmten Aufgaben an allen beteiligten Schulen (z. B. Budgetüberwachung, Lernmittelbeschaffung und Ähnliches mehr) sind Synergieeffekte entstanden. Neu im Amt befindliche Schulleiterinnen konnten durch erfahrene unterstützt und in die Alltagsarbeit eingewiesen werden. Teilweise verzichteten die Schulleiterinnen auf zwei oder drei Stunden ihrer Leitungszeit, um den Lehrkräften, die bereit sind, Schulleitungsaufgaben zu übernehmen, zur Verfügung zu stehen. Das ist somit eine Qualifizierung von Führungsnachwuchs im Verbundsystem.

Dieses Projekt wurde gemeinsam von den betreffenden Schulen und der Schulaufsicht entwickelt. Es galt, bürokratische Hürden zu überwinden, den Schulträger für diese Idee zu gewinnen und die Eltern weitestgehend einzubinden. Die nächsten Schritte sind bereits angedacht. Es geht unter anderem um die Entwicklung eines die Individualität der einzelnen Schule beachtenden gemeinsamen Schulprogramms.

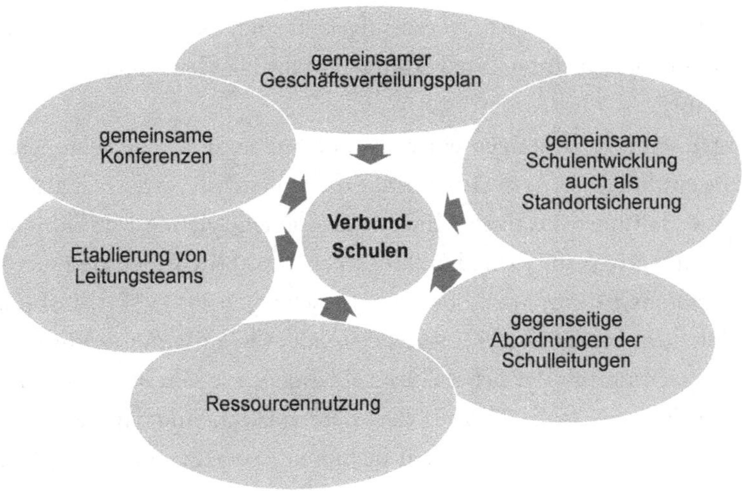

Abb. 28: Arbeiten im Verbund II

Langfristiger Ausfall der Schulleitung

„Unsere Schulleiterin ist schwanger“ – alle freuen sich mit der Kollegin und gratulieren. Oder: Leider hat sich der Schulleiter beim Skifahren eine schwere Verletzung zugezogen, er fällt etwa ein halbes Jahr aus. Wenn die Schulleitung das Recht auf Elternzeit wahrnehmen will oder der Schulleiter länger seinen Aufgaben nicht nachkommen kann, tritt eine Situation ein, in der das Kollegium vor eine besondere Herausforderung gestellt wird.

Wie kann sich die Schule gemeinsam mit der Schulaufsicht auf diesen Fall vorbereiten? Welches Rollenverständnis hat die Schulleiterin bzw. der Schulleiter?

Im Vorteil sind allemal Schulen, die den Fall der Abwesenheit langfristig mitdenken, deren Arbeitsweise transparent ist und in denen die Verantwortlichkeiten geklärt sind: Schulen mit Kommunikationsstrukturen, in die alle Beteiligten verlässlich eingebunden sind.

Die Vertretungssituation für eine planbare und nicht planbare Abwesenheit der Schulleitung ist also maßgeblich davon abhängig, wie Schulen geführt werden und wie die inneren Strukturen aufgebaut sind. Dabei sind das Rollenverständnis der Schulleitung, ihre Haltung und ihr Handeln von herausragender Bedeutung.

Organisationen benötigen einerseits Hierarchie, um Entscheidungssicherheit zu gewährleisten. Andererseits sollte die Hierarchie „so flach angelegt sein, dass eine Haltung achtsamen Mitdenkens und engagierten Mit-Führens und Mit-Verantwortens auf allen Handlungsebenen (…) ein Wesensbestandteil der Organisationsstruktur wird oder ist.“ (Asselmeyer 2013, 171). Dabei ist es grundsätzlich von der Größe eines Systems, der Organisationskultur und vom Führungsverständnis der Schulleitung abhängig, wie sehr eine „Führung auf mehreren Ebenen“ (ebd., 172) etabliert werden kann. Sind dagegen Aufgaben und Verantwortlichkeiten nicht auf mehreren Ebenen etabliert, ergeben sich bei einem langfristigen Fehlen der Schulleitung in jedem System u. a. folgende Fragen und Problemlagen.

Gefahr in Verzug – wer trägt die Verantwortung?

Fehlt die Leitung ohne langfristige Vorbereitung auf diese Situation, dann brechen vertraute Kommunikationsstrukturen mit Gremien und außerschulischen Kooperationspartnern weg. Dies kann vielerlei bedeuten.

- Zugänge sind womöglich versperrt (fehlende Passwörter, „Schlüsselhoheit" der Schulleitung etc.).
- Die Haushaltsplanung und die Zeichnungsberechtigung können unklar sein.
- Es ist nicht abgesichert, welche Schritte in Krisensituationen unternommen werden müssen.
- Schulentwicklungsprozesse können unterbrochen werden oder das Personalentwicklungskonzept wird nicht weiterverfolgt.
- Rechtssicherheit ist nicht gewährleistet (beispielsweise in Versetzungskonferenzen oder bei Ordnungsmaßnahmen).
- An selbstständigen Schulen ist außerdem ungeklärt, wer Dienstvorgesetzter des pädagogischen und nichtpädagogischen Personals ist. (In der Regel ist dies die Stellvertreterin oder der Stellvertreter der Schulleitung. Es gibt aber vor allem im ländlichen Bereich Schulen, die aufgrund ihrer Größe diese Funktionsstelle nicht haben. Dort trägt dann die durch das Kollegium gewählte Abwesenheitsvertretung die Verantwortung. Möglicherweise ist sie bzw. er sich der Tragweite dieser Funktion und der damit verbundenen Aufgaben gar nicht bewusst.)

Zudem zeigt sich das Fehlen von Schulleitung in Bereichen, in denen Leitungshandeln und Führen sehr eng mit der Person und dem Führungsstil der Schulleitung verknüpft sind. Denn die Schulleiterin bzw. der Schulleiter ist für viele Kolleginnen und Kollegen zunächst einmal vertrauter Ansprechpartner und ein Vertrauensverhältnis lässt sich weder delegieren noch kommissarisch ersetzen. Trifft das Fehlen der Schulleitung auf eine gering ausgeprägte Arbeits- und Verantwortungskultur, dann kann dies dazu führen, dass weniger zuverlässig und zielstrebig gearbeitet wird, weil der/die Vorgesetzte nicht mehr präsent ist. Auch kann durch nicht geklärte Verantwortlichkeiten ein Vakuum entstehen, das von Kolleginnen und Kollegen ausgefüllt wird, die im ungünstigsten Fall eine „heimliche“, d. h. nicht legitimierte und undurchschaubare Führungsstruktur etablieren.

An diesen Beispielen lässt sich der Bedarf einer stets mitbedachten Lösung für eine Vertretungssituation ablesen, bevor diese eintritt. Nur Systeme, die einen solchen „Plan B“ haben und diesen in Strukturen überführen, können bei nicht planbaren Abwesenheiten der Leitung weiterhin gut funktionieren. Dies gilt im Übrigen unabhängig von der jeweiligen Schulform und deren Größe.

Welche Rahmenbedingungen sind notwendig?

Komplexe Arbeitsprozesse in Schule erfordern eine klare Definition und eine eindeutige Übernahme einzelner Arbeits- und Verantwortungsbereiche sowie Überschaubarkeit durch eine gut strukturierte Kommunikation und Vernetzung. Es ist eine Daueraufgabe der Schulleitung, die notwendigen Rahmenbedingungen für solche Kommunikationsabläufe und Leitungsprozesse sowie einen Geschäftsverteilungsplan aufzustellen, wie es in den Dienstordnungen für Schulleitungen festgelegt ist. Bei einer planbaren Abwesenheit von Schulleitung ist dies eine wichtige Voraussetzung und eine frühzeitige Planung ist unerlässlich.

Nicht nur in Zeiten einer längeren Abwesenheit muss geklärt sein, wer die Gesamtverantwortung trägt, weisungsbefugt ist und das System in der Öffentlichkeit vertritt. In Systemen mit Leitungsteam bzw. Stellvertretung fallen die genannten Aufgaben der Stellvertreterin bzw. dem Stellvertreter zu. In kleineren Systemen, in denen es kein Leitungsteam und oft auch keine Stellvertretung gibt, sollte es deshalb eine gewählte Abwesenheitsvertretung geben, die kontinuierlich in Schulleitungsaufgaben einbezogen wird und über Führungskompetenzen verfügt. Dies kann beispielsweise durch die Übernahme eines Verantwortungsbereichs im Rahmen des Schulleiterdeputats erreicht werden.

Kommissarische Leitung – Rollenwechsel auf Zeit

Bei einer langfristigen Abwesenheit der Schulleitung wird die Schule in jedem Fall kommissarisch geleitet. Um eine kommissarische Leitung zu besetzen, bietet sich zunächst eine interne Stellenausschreibung an.

- Diese muss frühzeitig bekannt gegeben werden, alle Aufgabenbereiche deutlich machen und die Anforderungen explizit benennen.
- Die Ausschreibung lässt grundsätzlich eine Bewerbung aller Kolleginnen und Kollegen einer Schule zu und kann so schon vor der kommissarischen Besetzung der Leitungsstelle zur Akzeptanz der zukünftigen Vertretung beitragen.

  In der Regel findet sich eine Kollegin oder ein Kollege (häufig die gewählte Abwesenheitsvertretung), die bzw. der diese Aufgabe übernimmt. In größeren Systemen erklären sich oft auch zwei Kolleginnen oder Kollegen zur kommissarischen Leitung bereit. Diese sollten frühzeitig in laufende Prozesse eingebunden und in Organisationsstrukturen eingeführt werden. Nur in enger und vertrauensvoller Zusammenarbeit mit der Schulleitung können die zukünftige Arbeit und der damit verbundene Rollenwechsel auf Zeit gelingen. In Gesprächen mit der Schulleitung sollte dabei vorab herausgearbeitet werden, wie Führung an dieser Schule verstanden wird und was der Rollenwechsel konkret bedeutet.

Was muss die Schulaufsicht leisten?

Eine besondere Aufgabe kommt der Schulaufsicht zu. In der Regel wird die Schulentwicklung einzelner Schulen über Zielvereinbarungen und Schulentwicklungsgespräche mit der Schulaufsicht mittelfristig strukturiert angelegt. Dadurch ist in der Regel gewährleistet, dass vereinbarte Schulentwicklungsvorhaben auch bei längerfristiger Abwesenheit der Verantwortlichen weiter vorangetrieben werden. Formal wichtig ist die eindeutige Klärung der Vertretung der Schulleiterin bzw. des Schulleiters sowohl nach innen als auch nach außen, da sowohl das Schulamt als auch der Schulträger wissen müssen, wer während der Vakanz verantwortlich ist. Bewährt hat sich in diesem Zusammenhang die Bereitstellung einer erfahrenen Schulleiterin bzw. eines erfahrenen Schulleiters einer benachbarten Schule. Diese Mentorin bzw. dieser Mentor wird von der Schulaufsicht vermittelt und übernimmt für die kommissarische Leiterin bzw. den kommissarischen Leiter eine beratende Rolle im Alltagsgeschäft und bei dringlichem Bedarf.

Asselmeyer, Herbert 2013: Ständige Vertretung von Schulleitung – zur Distributed Leadership in Schulen. In: Claus G. Buhren u. a. (Hg.): Das Handwerkszeug für die Schulleitung. Weinheim.

Reinhardt, Bettina/Thie, Diether 2014: Schulleitung in Elternzeit. Erhalt der Systemfunktion bei planbarer Abwesenheit. In: Pädagogik Heft 5.

Wo sollen sie herkommen? – Ein Beispiel für eine Qualifizierungsmaßname für Führungskräftenachwuchs

Dieses Kapitel ist eine Neufassung des Artikels „LEU – Leiten – Entwickeln – Umsetzen“ aus der SchulVerwaltung Hessen/Rheinland-Pfalz 2/2014 Thie/ Reinhardt.

Es wird immer schwerer, gut qualifiziertes Personal für Funktionsstellen in Schulleitungen zu finden. Die Stelle der Leiterin bzw. des Leiters ist in der Regel am schwierigsten zu besetzen, vor allen Dingen im Bereich der Grundschule, in der die erwartete Leistung und Besoldung kaum in einem geeigneten Verhältnis zueinander stehen und auch die Ausstattung personeller Ressourcen im nichtpädagogischen Bereich mehr als zu wünschen übrig lässt. Es gibt leider viele gute Gründe, die eventuell geeignete Kandidaten davon abhalten, sich auf Funktionsstellen zu bewerben. Drei davon lauten:

- Die Arbeitsplatzbeschreibung für eine Schulleiterin bzw. einen Schulleiter ist im steten Wandel und deutlich umfangreicher geworden. War potenziellen Führungskräften noch vor 30 Jahren allein die semantische Bedeutung des Begriffs Schulentwicklung unerklärlich und der Handlungsrahmen sowie die zeitliche Belastung der zukünftigen Funktion relativ klar abgesteckt, ist es heute kaum noch zusammenzutragen, was eine Schulleiterin bzw. einen Schulleiter in ihrem oder seinem zukünftigen Arbeitsumfeld erwarten wird. Dies hängt nicht zuletzt von den räumlichen und personellen Ressourcen der einzelnen Systeme ab. Und eben auch davon, mit wem man es auf der Seite der Aufsicht oder des Schulträgers zu tun hat.

> ▼
>
> Andere Länder – andere Sitten: In Frankreich beispielsweise gibt es längst eine Zweiteilung der Führungsposition. Dort wird getrennt in eine administrative und eine pädagogische Leitung. Ein Schelm könnte meinen, dass Schulleitung nach diesem System noch etwas mit Pädagogik zu tun haben könnte.

- Eine geeignete Kandidatin/ein geeigneter Kandidat weiß oft gar nicht, dass sie/er geeignet ist.
  In der zweiten Ausbildungsphase werden Lehrkräfte ständig bewertet. Ein Probehandeln für den späteren Job erfolgt hier fortwährend in Doppelsteckung, Mentoring, Unterrichtsbesuchen, selbstverantwortlichem Unterricht.
  Ob eine Schulleiterin bzw. ein Schulleiter eine Schule leiten kann, merkt sie oder er erst „on the job", wie es so schön heißt. Natürlich gibt es auch in Amt und Würden eine Probezeit, aber wie hoch ist die Zahl der Schulleiterinnen und Schulleiter, die in der Zeit vor ihrer endgültigen Ernennung von ihrem Amt zurücktreten? Und wie hoch ist die Zahl derer, die so gut begleitet und bewertet werden, dass ein Vorgesetzter zu Recht die Bewährung im Amt nicht ausspricht, ja, dass er dies rein juristisch überhaupt veranlassen kann? Genauso wie das Referendariat nicht darauf vorbereitet, den Alltag eines Berufseinsteigers bzw. einer Berufseinsteigerin in Vollzeit zu meistern, bereitet das langjährige Lehrersein nicht darauf vor, später einmal eine Schule zu leiten. Eine Erkenntnis, die niemanden wundert; es sei denn, man ginge davon, dass „Schule leiten" kein eigenständiger Beruf sei.
  Es fehlt an Möglichkeiten der Erprobung in einem realistischen Umfeld. Daran kranken viele Qualifizierungsreihen. Ein Praxisbezug – ein echtes Probehandeln in einer verantwortlichen Position – kann dazu führen, dass potenzielle Bewerberinnen und Bewerber die Erfahrung machen, dass sie

der schwer definierbaren Aufgabe gewachsen sind. Sie können Selbstwirksamkeit in Leitung, Führung und Management erfahren sowie lernen, dass sie in Konflikten und an Widerständen wachsen und geeignete Maßnahmen zur Bewältigung dieser umsetzen können.

- Stichwort work-life-balance: Die Arbeit von Lehrerinnen und Lehrern ist eine entgrenzte. Selten stellt sich das Gefühl ein, mit etwas wirklich fertig zu sein. Der Einzug der neuen Medien in den Schulalltag trägt zu dieser Arbeitssituation bei und wird dies weiter befördern. Auf Schulleiterinnen und Schulleiter trifft die Entgrenzung ihrer Arbeit in besonderem Maße zu. Neben planbaren Unterrichtsverpflichtungen, Konferenzen sowie Arbeits- oder Teamsitzungen treten beinahe täglich Ereignisse ein, die den Zeitplan auf den Kopf stellen und vor allen Dingen einen hohen zeitlichen Mehraufwand bedeuten. Hinzu kommen viele Abendtermine, die inhaltlich mehr oder weniger relevant sind, aber von deren Teilnahme das Bild einer ganzen Schulgemeinde nach außen maßgeblich abhängen kann. Die ganze Härte schwieriger beruflicher Terminplanbarkeit trifft in hohem Maße natürlich die Berufsanfänger, schlägt aber auch bei erfahrenen Schulleiterinnen und Schulleitern immer wieder aufs Neue zu.

Möglichen Führungskräften ist kaum zu vermitteln, mit welchem zeitlichen Mehraufwand in der Schulleitungsfunktion zu rechnen ist. Klar ist von vornherein, dass die Vereinbarkeit von Familie und Beruf nach erfolgreicher Bewerbung auf den Prüfstand gestellt werden wird. Das schwankende, aber stets hohe zeitliche Pensum und die mangelnde Verlässlichkeit im Hinblick auf die Arbeitszeiten schrecken potenzielle Kandidaten ab.

Qualifizierungsreihen für neue Schulleiterinnen und Schulleiter sollten vor diesem Hintergrund wohl vor allen Dingen die spätere Arbeitswirklichkeit in den Blick nehmen und den Ansatz verfolgen, neben der Vermittlung und Vertiefung entsprechender Kompetenzen einen ersten Eindruck von möglichen Sachzwängen, Widerständen und Organisationsgrenzen zu vermitteln.

Im Folgenden wird eine Personalentwicklungsmaßnahme des Staatlichen Schulamts für den Landkreis Bergstraße und den Odenwaldkreis in Südhessen vorgestellt, die Lehrkräfte gezielt auf die Aufgaben in Führungspositionen vorbereitet und gleichzeitig Schulentwicklungsarbeit geleistet hat.

LEU – Leiten – Entwickeln – Umsetzen

Ziele

LEU (Leiten – Entwickeln – Umsetzen) war eine Qualifizierungsreihe für zukünftige Führungskräfte, die die Verknüpfung von Schulentwicklung und Personalentwicklung an den Schulen zum Ziel hatte. Dabei wurden die Teilnehmerinnen und Teilnehmer in verschiedenen Kompetenzbereichen qualifiziert, um die Planung, Implementierung, Durchführung und Evaluation einer Schulentwicklungsmaßnahme zu leiten.

Ziel der Qualifizierungsreihe war es, Personalentwicklung sowie Organisations- und Unterrichtsentwicklung gleichermaßen zu befördern. Dadurch sollte eine Situation entstehen, in der einerseits die Teilnehmerinnen und Teilnehmer in einzelnen Kompetenzbereichen und in der Steuerung eines Schulentwicklungsprozesses qualifiziert werden und in der andererseits an den Schulen ein selbst gewähltes Schulentwicklungsprojekt über 15 Monate betreut wird.

Dadurch entstand eine klassische „Win-win-Situation". Auf der einen Seite wurden über diese Maßnahme vor allem junge Kolleginnen und Kollegen für zukünftige Führungsaufgaben qualifiziert, auf der anderen Seite hatte die jeweilige Schule die Möglichkeit, ein Schulentwicklungsprojekt strukturiert durchzuführen und gleichzeitig eine Lehrkraft mit Leitungsaufgaben zu beauftragen. Dieser Ansatz sollte vor allem den Bedenken von Schulleiterinnen und Schulleitern entgegenwirken, die durch diese Maßnahme befürchteten, eine qualifizierte Kollegin oder einen qualifizierten Kollegen durch die Bewerbung auf eine Funktionsstelle an eine andere Schule zu verlieren. Andererseits ermöglichte die Verknüpfung von Fortbildung und Schulentwicklung den Teilnehmern die Arbeit in einem Setting, das ein Probehandeln in einer Leitungssituation arrangierte.

Im Schuljahr 2007/08 startete LEU mit 15 Teilnehmerinnen und Teilnehmern in den ersten Durchgang.

Finanziert wurde LEU von Beginn an durch Eigenmittel des Schulamtes für den Landkreis Bergstraße und den Odenwaldkreis (BOW). Nach Gründung der Hessischen Führungsakademie übernahm diese einen Teil der Finanzierung, da die LEU-Reihe im Schulamtsbezirk Bergstraße/Odenwald die damalige Qualifizierungsreihe der Führungsakademie ersetzt hatte.

Konzept

LEU lief insgesamt über einen Zeitraum von 15 Monaten und verband dabei drei wesentliche Säulen zur Qualifizierung von Führungskräften.

- **Qualifizierung**
  Die Lehrkräfte stärkten und verbesserten ihre Kompetenzen in insgesamt neun Modulen auf den Gebieten: Projektmanagement und Evaluation, Rollenverständnis, Führungsverständnis, Konfliktmanagement, Kommunikation, Schulrecht, Moderation und Konferenzführung sowie Unterrichtsbeobachtung und -bewertung. Vor allem aber setzten sie sich intensiv mit dem bevorstehenden Rollenwechsel auseinander. Die Module waren ein- oder zweitägig angelegt und wurden – je nach Thema – von einem Moderatoren- bzw. Psychologentandem oder auch von dem Juristen des Staatlichen Schulamts geleitet.

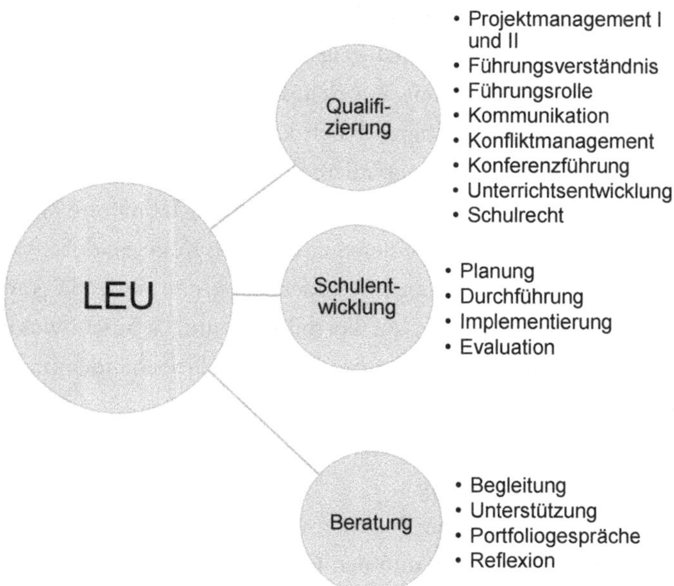

Abb. 29: Leiten – Entwickeln – Umsetzen

- **Schulentwicklung**
  In den Modulen erlernten die Teilnehmerinnen und Teilnehmer Techniken, Strategien und Verfahren, die sie im zweiten Baustein von LEU – dem Schulentwicklungsprojekt – anwenden und vertiefend kennenlernen konnten. Damit ging es in LEU also keinesfalls darum, Schulleitungsaufgaben und nachhaltiges Leitungshandeln ausschließlich in der Theorie kennenzulernen, sondern die Lehrkräfte setzten zusätzlich und vor allem zeitgleich zu den Fortbildungsmodulen ihr theoretisches Wissen in die Praxis um. Denn in der Schule bildeten und leiteten die Teilnehmerinnen und Teilnehmer ein Projektteam, das innerhalb eines Schuljahres eine Schulentwicklungsmaßnahme mit dem Schwerpunkt Unterrichtsentwicklung plante, durchführte und evaluierte. Ein wichtiger Teil der Kompetenzentwicklung der Teilnehmerinnen und Teilnehmer fand also in der Schule selbst statt und wurde dort durch die Schulleitung beratend begleitet. Das Schulentwicklungsvorhaben musste daher zuvor an der Schule beschlossen worden sein, d.h. die zuständigen Gremien mussten informiert und involviert sein; die Gesamtkonferenz stimmte über das Schulentwicklungsprojekt ab. Auftraggeber für diese Abstimmung und das zu entwickelnde Projekt war immer die Schulleiterin bzw. der Schulleiter.

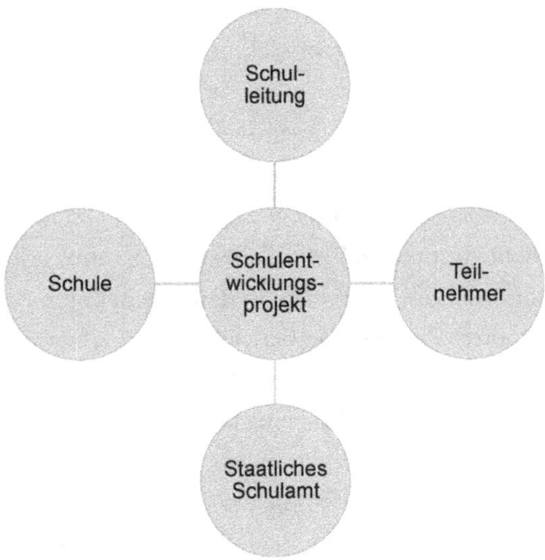

Abb. 30: Schulentwicklung steht im Mittelpunkt

Für die Teilnehmerinnen und Teilnehmer gehörte es in diesem Setting also dazu – wie bei der Übernahme einer „echten“ Leitungsfunktion auch –, aus der Gruppe der Lehrkräfte aufzustehen, zu bekennen, dass sie oder er ambitioniert ist, sich in Richtung Schulleitung weiterzuqualifizieren, und Willen und Ehrgeiz zu zeigen. Dies ist unter Lehrkräften in der Regel eher verpönt. In der Arbeit mit dem Projektteam wurden in der Qualifizierungsreihe Inhalte aus den Fortbildungsmodulen in der Praxis erprobt (Konferenzführung, Kommunikation, Unterrichtsentwicklung, formale Abläufe) und immer wieder eingeübt. Zur Planung und Dokumentation der Projektarbeit legten die Lehrkräfte einen Projektstrukturplan an (Modul Projektmanagement), der u. a. alle Arbeitspakete auflistete, Ziele und Stolpersteine benannte sowie Instrumente zur Evaluation angab.

- **Beratung**
  Die Schulleitung gewährte den Teilnehmerinnen und Teilnehmern Einblicke in schulisches Führungshandeln und ermöglichte den Lehrkräften u. a. die Teilnahme an Schulleitungssitzungen. Sie nahm an den prozessbegleitenden Beratungsgesprächen durch die LEU-Teamer teil und gab aus ihrer Sicht den Teilnehmerinnen und Teilnehmern eine kontinuierliche Rückmeldung zu deren Kompetenzentwicklung.

Während der gesamten Projektlaufzeit wurden die Lehrkräfte von persönlichen Beratern aus dem LEU-Team des Staatlichen Schulamts begleitet und betreut. Um diese Beratung so effektiv wie möglich zu gestalten, hatte sich eine monatliche Berichtlegung durch die Lehrkräfte als unverzichtbar erwiesen. Daher dokumentierten die Lehrkräfte in den sogenannten Monatsmails u. a. das Fortschreiten ihrer Projekte, sie berichteten von erfolgreich abgeschlossenen Arbeitspaketen, benannten mögliche Stolpersteine oder Konflikte und gaben auch an, inwiefern sie kurzfristig eine Beratung von Seiten des LEU-Teams wünschten.

Über die Qualifizierung, das Schulentwicklungsprojekt und die Beratung hinaus arbeiteten die Lehrkräfte von Beginn an mit Selbsteinschätzungsbogen. Diese Bogen erfragten zunächst nur von den Teilnehmerinnen und Teilnehmern die Ausprägung folgender elf Kernkompetenzen, die im Mittelpunkt der Qualifizierung für Führungsaufgaben standen und die in diesem Buch bereits ausführlich thematisiert wurden:

- Belastbarkeit
- Dialogfähigkeit
- Entscheidungsfähigkeit
- Initiative
- Innovationsfähigkeit
- Konfliktfähigkeit
- Motivationsfähigkeit
- Planungs- und Organisationsfähigkeit
- Rollenbewusstsein
- Strategische Kompetenz
- Teamfähigkeit

Dialogfähigkeit

	Selbst	Vorgesetzter	Mitarbeiter
kann komplexe Sachverhalte bündeln und verständlich darstellen.	3	3	3
legt Aspekte des eigenen Denkens und Fühlens offen	2	1	2
hört aktiv zu	3	3	3
bleibt auch in Konfliktsituationen konstruktiv	4	3	2
begründet seine/ihre Position auf der Basis von Tatsachen	3	3	3
vergewissert sich, dass sie/er verstanden wurde	2	1	2
wendet sich mit Mimik und Gestik dem Gesprächspartner zu	4	3	3
nimmt das Anliegen des Gegenübers ernst	3	2	3
gibt Gesprächsteilnehmern/innen regelmäßig und zeitnah Feedback	2	2	2
spricht verbesserungswürdige Leistungen offen an	2	2	3

Abb. 31: Selbsteinschätzung – Fremdeinschätzung

Diese Kernkompetenzen waren auf den Einschätzungsbogen durch Indikatoren ausdifferenziert und somit gut beobachtbar. Nach dem zweiten Drittel der Projektlaufzeit wurden die Bogen abermals ausgefüllt. In diesem zweiten Durchgang schätzten aber auch die Kolleginnen und Kollegen des Projektteams und die Schulleiterin oder der Schulleiter die Lehrkräfte ein. Die Lehrkräfte glichen anschließend zusammen mit ihren Beratern die Fremd- und Selbsteinschätzungen ab. In diesem sogenannten Portfoliogespräch wurden die Feedbackergebnisse intensiv ausgewertet und diskutiert. Dabei stand immer die Frage im Mittelpunkt, inwiefern eine Kompetenzveränderung beobachtbar wurde. Neben der engen Verknüpfung von Theorie und Praxis unterschied sich LEU auch durch diese fortwährende und intensive Auseinandersetzung der Teilnehmerinnen und Teilnehmer mit sich selbst von vielen anderen Fortbildungsangeboten zur Nachwuchskräfteförderung.

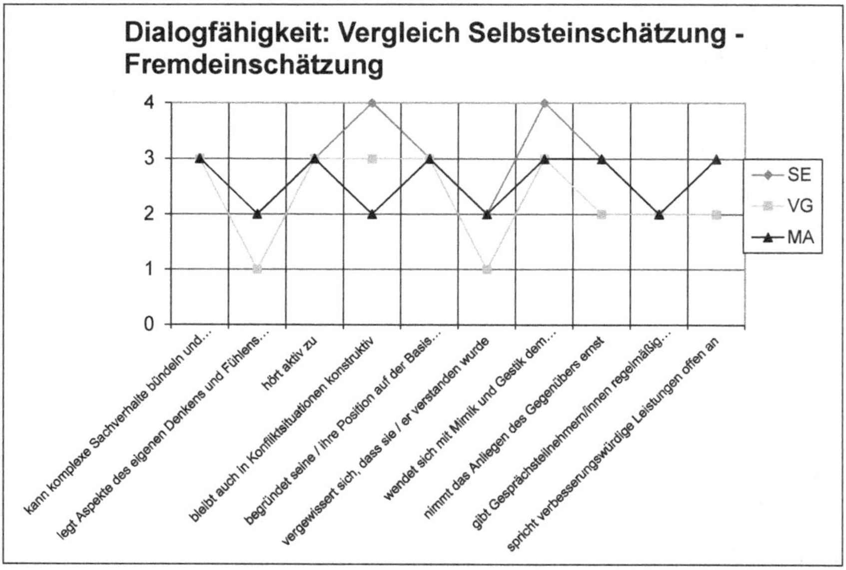

Abb. 32: Auswertung Selbsteinschätzung – Fremdeinschätzung

In der Regel nahmen 15 bis 20 Teilnehmerinnen und Teilnehmer an der Qualifizierungsreihe teil. Sie kamen aus unterschiedlichen Schulformen und Schulstufen. Von allen Teilnehmerinnen und Teilnehmern wurde die Teilnahme an allen Modulen und die Anschaffung entsprechender Literatur erwartet.

LEU-Team

Die Qualifizierungsreihe wurde durch ein Team von Trainern und Beratern begleitet. Die Leitung und Koordination des Teams übernahm eine Verantwortliche bzw. ein Verantwortlicher des Staatlichen Schulamts. Aufgabe der Trainerinnen und Trainer war es, die Module zur Qualifizierung durchzuführen. Zu den Trainerinnen und Trainern zählten Psychologen, Juristen, ehemalige und aktive Schulleiterinnen und Schulleiter, Personalentwicklungsbeauftragte, Gleichstellungsbeauftragte und Schulaufsichtsbeamte.

Die Beraterinnen und Berater unterstützten die Teilnehmerinnen und Teilnehmer bei der Planung und Durchführung der Schulentwicklungsprojekte, leisteten dabei aber keine fachliche Beratung, sondern achteten darauf, dass die Lehrkräfte hilfreiche und nachhaltige Strukturen entwickeln und einüben, smarte Projektziele formulieren und den Erfolg ihrer Projekte angemessen evaluieren konnten. Dabei hatte jede Lehrkraft eine persönliche Ansprechpartnerin bzw. einen persönlichen Ansprechpartner aus dem LEU-Team. Ferner halfen die Berater bei der Vermittlung von Unterstützungsmaßnahmen (z. B. Fachberatung, Mediation). Sie waren Ansprechpartner bei Problemen und Konflikten rund um die Schulentwicklungsprojekte und die Projektteams, aber auch Ansprechpartner für die Schulleiterinnen und Schulleiter.

Trainerinnen bzw. Trainer, Beraterinnen bzw. Berater und die Teamleitung standen in engem Kontakt und tauschten sich regelmäßig aus.

Ergebnisse und Ausblick

Seit 2007/08 bis heute haben in insgesamt sieben Qualifizierungsreihen 115 Lehrkräfte von 58 verschiedenen Schulen aus dem Schulamtsbezirk Bergstraße/Odenwald an LEU teilgenommen. Im Schulamtsbezirk Bergstraße/Odenwald gibt es insgesamt 108 staatliche Schulen. Mehr als die Hälfte dieser Schulen (62 Prozent) hat Teilnehmerinnen und Teilnehmern durch die Qualifizierungsmaßnahme fortbilden lassen; 115 Schulentwicklungsprojekte wurden in sieben Jahren geplant, implementiert und evaluiert. Im Schuljahr 2013/14 musste LEU eingestellt werden, da die Finanzierung nicht mehr sichergestellt werden konnte. Das Land Hessen setzte außerdem auf die Umsetzung einer alternativen Qualifizierungsreihe, die landesweit implementiert wird.

Die Themen der Schulentwicklungsprojekte sind sehr verschieden. Beispielhaft sind hier zu nennen: „Entwicklung und Implementierung eines Auszeitraummodells“, „Einrichtung einer Schulbibliothek“, „Modularisierter Sprachunterricht“, „Pädagogische Rhythmisierung des Ganztagsangebots“ oder „Wegbereitung zur Europaschule“. Das Staatliche Schulamt hat alle bislang durchgeführten Projekte zusammengestellt. Diese Übersicht ist beispielsweise für andere Schulen des Schulamtsbezirks interessant, die ähnliche Projekte in Planung haben und kompetente Ansprechpartner in direkter Nähe suchen.

Die Bilanz von LEU kann sich sehen lassen: Ca. 70 Prozent der ehemaligen Teilnehmerinnen und Teilnehmer sind bis heute als Schulleitungsmitglieder, Schulentwicklungsberaterinnen bzw. Schulentwicklungsberater, Personalentwicklungsbeauftragte, Fortbilder, Ausbilder oder Dezernenten in Funktion gegangen.

Die Absolventinnen und Absolventen der Maßnahme stellen in Verbindung mit ihren Projekten eine wertvolle Quelle bei der Gewinnung von nachweislich qualifizierten Bewerberinnen und Bewerbern auf Funktionsstellen dar. Durch die nun zentral angelegte Qualifizierung ist es vor Ort allerdings deutlich schwieriger, in Erfahrung zu bringen, welche Lehrkräfte sich auf den Weg in Richtung Schulleitung machen wollen und/oder bereits gemacht haben.

Eine nachhaltige Fortführung hätte die Qualifizierungsmaßnahme erfahren, wenn das LEU-Team auch neue Führungskräfte im ersten Arbeitsjahr in zentralen Handlungsfeldern von Schulleitung bei Wunsch begleitet und sie damit in den oben genannten Kernkompetenzen hätte weiterqualifizieren können. Die Bewerbung auf eine Funktionsstelle lieferte quasi den Cliffhanger dafür. Finanzieren ließ sich eine fortführende Maßnahme leider nicht.

Gibitz, Roland/Roediger, Heiner (Hg.) 2005: Praxishandbuch Führungskräfteentwicklung in der Schule. Instrumente der Personalentwicklung. München.

Reinhardt, Bettina/Thie, Diether 2014. LEU – Leiten – Entwickeln – Umsetzen. In: SchulVerwaltung Hessen/Rheinland-Pfalz. Heft 2.

Literatur

Asselmeyer, Herbert 2013: Ständige Vertretung von Schulleitung – zur Distributed Leadership in Schulen. In: Claus G. Buhren u. a. (Hg.): Das Handwerkszeug für die Schulleitung. Weinheim.

Bartz, Adolf 2004: Organisationsgestaltung von Schule. Schulleitungsfortbildung NRW, Band 3. Hg. vom Landesinstitut für Schule. Bönen/Westf.

Bennis, Warren 2009: On becoming a leader. New York.

Bonsen, Martin 2009: Unterrichtsentwicklung – Eine Kernaufgabe der Schule. Köln.

Bott, Wolfgang 2011: Grundkurs Schulrecht VI. Köln.

Buchen, Herbert/Rolff, Hans-Günter (Hg.) 2016: Professionswissen Schulleitung. Weinheim.

Buhren, Claus2007: Selbstevaluation in Schule und Unterricht. Köln.

Burkard, Christoph/Eikenbusch, Gerhard 2000: Praxishandbuch Evaluation in der Schule. Berlin.

Doppler, Klaus/Lauterburg, Christoph 2014: Change Management. Den Unternehmenswandel gestalten. Frankfurt/M.

Dörr, Markus 2016: Erfolgreiches Zeitmanagement. Weinheim.

Dubs, Rolf 2014: Journal für Schulentwicklung 2/2014, Innsbruck.

Geisler, Wolfgang 2017: Anerkennung – Über den Umgang mit Menschen in der Schule. Schwalbach/Ts.

Gelernter, David 2016: Gezeiten des Geistes. Berlin.

Gibitz, Roland/Roediger, Heiner (Hg.) 2005: Praxishandbuch Führungskräfteentwicklung in der Schule. Instrumente der Personalentwicklung. München.

Glasl, Friedrich 2004: Ein Handbuch zur Diagnose und Behandlung von Konflikten für Organisationen und Berater. Bern.

Gugel, Günther/Jäger, Uli 2001: Streitkultur. Eine Bilderbox. Konflikteskalation und Konfliktbearbeitung. Tübingen.

Hattie, John 2013: Lernen sichtbar machen. Baltmannsweiler.

Herrmann, Dorothea 2006: Konflikte managen. In: Buchen, Herbert/Rolff, Hans-Günter (Hg.): Professionswissen Schulleitung. Weinheim.

Hessisches Schulgesetz in der Fassung vom 14. Juni 2005 (GVBl. I S. 441), zuletzt geändert durch Gesetz vom 24. März 2015 (GVBl. S. 118).

Hoegg, Günther 2017: Schulrecht. Weinheim.

Horster, Leonhard/Rolff, Hans-Günter 2001: Unterrichtsentwicklung. Weinheim.

Ittel, Angela/Wakenhut, Ruth Anna 2010: Schulen im Gespräch. In: Schulverwaltung spezial, Nr. 3/10, 12. Jg.

Kempfert, Guy/Rolff, Hans-Günter 2005: Qualität und Evaluation. Weinheim.

Klieme, Eckhard u. a. 2003: Zur Entwicklung nationaler Bildungsstandards. Eine Expertise. Berlin.

Meyer, Hilbert 2015: Unterrichtsentwicklung, Berlin.

Mullins, Laurie 2007: Management and Organizational Behaviour. New Jersey.

Oelkers, Jürgen u. a. 2017: Schulaufsicht. In: Lernende Schule. Heft 78.

Philipp, Elmar/Rademacher, Helmolt 2002: Konfliktmanagement im Kollegium. Arbeitsbuch mit Methoden und Modellen. Weinheim

Philipp, Elmar/Rolff, Hans-Günter 2006: Schulrogramme und Leitbilder entwickeln. Weinheim.
Philipp, Elmar 2014: Multiprofessionelle Teamentwicklung. Weinheim.
Priebe, Botho 2017: Zusammenarbeit mit der Schulaufsicht. In: Lernende Schule. Heft 78.
Reinhardt, Bettina/Thie, Diether 2014: LEU – Leiten – Entwickeln – Umsetzen. In: SchulVerwaltung Hessen/Rheinland-Pfalz. Heft 2.
Reinhardt, Bettina/Thie, Diether 2014: Schulleitung in Elternzeit. Erhalt der Systemfunktion bei planbarer Abwesenheit. In: Pädagogik Heft 5. Weinheim.
Rolff, Hans-Günter u. a. (Hg.) 2009: Unterrichtsentwicklung – Eine Kernaufgabe der Schule. Köln.
Rolff, Hans-Günter 2017: Schulleitung auf den Punkt gebracht. Schwalbach/Ts.
Rolff, Hans-Günter 2017: Stellschrauben ohne Stellenwert. In: Gemeinsam lernen. Heft 3. Schwalbach/Ts.
Schley, Wilfried 1998: Teamkooperation und Teamkooperation in der Schule. In: Herbert Altrichter u. a. (Hg.), Handbuch zur Schulentwicklung. Innsbruck.
Senge, Peter M. 1996: Die Fünfte Disziplin. Kunst und Praxis der lernenden Organisation. Stuttgart.

Internetquellen

https://simonsen-management.de/fuehrungsnachwuchskraft-weshalb-sollten-sie-ambiguitaets toleranz_entwickeln/ 04.05.2017
https://de.wikipedia.org/wiki/Eisenhower-Prinzip 13.9.2017
https://de.wikipedia.org/wiki/Wertsch%C3%A4tzung 13.9.2017
http://www.elefanten-welt.de/verhalten.htm 28.8.2107
http://www.perspektive-blau.de/artikel/1007b /1007b.htm 24.08.2017
http://gehirnonline.de/arbeit-mit-der-transaktionsanalyse-grundlagen-zum-drama-dreieck/ 15.08.2017
http://www.bildungsplaene-bw.de/,Lde/4560741 28.08.2017
https://la.hessen.de/irj/servlet/prt/portal/prtroot/slimp.CMReader/HKM_15/LSA_Inter net/med/3a5/3a5557d7-d2d9-b417-9cda-a2b417c0cf46,22222222-2222-2222-2222 -222222222222 24.03.2017
http://www.spiegel.de/karriere/niedersachsen-lehrer-klagen-wegen-zu-viel-arbeit-a-11689 78.html) 17.8.2017

Bildquellen

http://blog.setzwein.com/wp-content/uploads/2011/03/Change-Curve.png. 28.08.2017
Von Benutzer: Sampi – Quelle: Glasl, 1994, S. 216, 218-219, CC BY-SA 2.0 de, https://com mons. wikimedia.org/w/index.php?curid=45956514 05.08.2017
https://www.google.de/url?sa=i&rct=j&q=&esrc=s&source=images&cd=&ved=0ahUKEwiy pebz16bWAhWCwBQKHdshBe0QjRwIBw&url=http%3A%2F%2Fwww.bildungsproze ssmanagement.de%2Findex.php%2FEvaluation.html&psig=AFQjCNE4vw-Og0IkYNv EfbB-lYsPxHy7Fg&ust=1505547570171776 26.06.2017

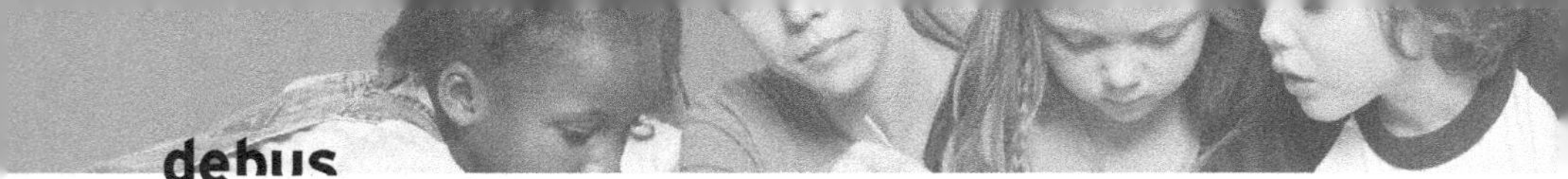

debus
PÄDAGOGIK

Wolfgang Geisler

Anerkennung – Über den Umgang mit Menschen in der Schule

Mit einem Nachwort von Hilbert Meyer

Menschen brauchen Anerkennung. Diese Feststellung gilt für Schülerinnen und Schüler genauso wie für Lehrerinnen und Lehrer und alle anderen, die in der Schule arbeiten. Gegenseitige Anerkennung stellt eine Voraussetzung jeder gelingenden pädagogischen Arbeit dar.

Dieses Buch unterstützt Lehrerinnen und Lehrer dabei, ihr eigenes Verständnis für die Anerkennung in pädagogischen Situationen zu entwickeln und Missachtung möglichst zu vermeiden.

Anerkennung ist ein wichtiges Gut. Sich selbst anzuerkennen hilft jedem Einzelnen, nicht von der Schule verschluckt zu werden oder sich frühzeitig von seiner Arbeit innerlich abzumelden.

Anerkennung, das ist Anreiz, Impuls, Motivation und auch ein Stück Lebenskunst. Im essayistischen Stil wartet das Buch mit vielen Beispielen, Geschichten und Zitaten aus dem Schulalltag auf, ohne freilich auf die Theorie der Anerkennung zu verzichten.

ISBN 978-3-95414-084-8, 200 S., € 19,90
E-Book: ISBN 978-3-95414-085-5 (PDF), € 15,99

Wolfgang Geisler

Nach dem Studium der Politikwissenschaft, Germanistik und Pädagogik arbeitete Wolfgang Geisler zunächst als Rundfunkjournalist und Zeitschriftenredakteur. Er wechselte später als Lehrer und Schulleiter in den Schuldienst, arbeitete in der Fortbildung, nahm Lehraufträge an mehreren Universitäten wahr, beriet Schulen in Deutschland und Polen und schrieb eine Reihe von pädagogischen Sach- und Fachbüchern.

debus
PÄDAGOGIK

Eschborner Landstr. 42-50, 60489 Frankfurt/M.
Tel.: 069/7880772-0, Fax: 069/7880772-20
info@debus-paedagogik.de
www.debus-paedagogik.de